lex:tra

Kompaktgrammatik

Französisch
zum schnellen Nachschlagen

Gertraud Gregor

Kompaktgrammatik Französisch

Von Gertraud Gregor

Beratende Mitwirkung:
Prof. Dr. Michael Scotti-Rosin

Umschlaggestaltung: Cornelsen Verlag Design
Umschlagfoto: JUNOPHOTO
Layout und technische Umsetzung: Stephan Hilleckenbach, Berlin
Illustrationen: Laurent Lalo

www.cornelsen.de

1. Auflage, 1. Druck 2010

© dieser Ausgabe: 2010
© der Originalausgabe: 1996 Migros Genossenschafts-Bund,
Koordinationsstelle der Klubschulen, Zürich

Druck und Bindung: Kösel, Krugzell
Bindung patentrechtlich geschützt. Kösel FD 3351, Patent-Nr. 0748702

ISBN 978-3-589-01635-8

 Inhalt gedruckt auf säurefreiem Papier aus nachhaltiger Forstwirtschaft.

Die **Französische Kompaktgrammatik** ist ein praktisches Handbuch für alle, die die französische Sprache erlernen und ihre Grammatikkenntnisse verbessern wollen. Sie bietet gründliches Orientierungswissen und ist ideal sowohl zum Nachschlagen und Wiederholen zu Hause als auch kursbegleitend im Unterricht.

Die **Französische Kompaktgrammatik** gibt einen Überblick über die grundlegenden grammatischen Erscheinungen der französischen Sprache heute. Dabei werden die Strukturen und Regeln, die für die Kommunikation bis zur Niveaustufe B1 des Gemeinsamen europäischen Referenzrahmens vorausgesetzt werden, in leicht verständlicher Sprache erläutert. Die verwendeten grammatischen Begriffe und Kategorien werden immer dort, wo sie eingeführt werden, definiert und erklärt. Die zahlreichen und anschaulichen Beispielsätze helfen, die grammatischen Phänomene und Regeln gut zu erfassen.

Zum schnellen Nachschlagen gibt es am Schluss des Buches die wichtigsten grammatischen Themen in einem alphabetischen Stichwortregister.

Verlag und Autorin wünschen viel Spaß und Erfolg beim Arbeiten mit der **Französischen Kompaktgrammatik.**

Inhalt

Das Adverb · 46

Die Pronomen · 55

Die Verben · 81

Die Negation 125

Die Präpositionen 134

Eine Sprache besteht aus Wörtern, die man in mehrere Wortarten einteilt:
Nomen (oder Substantive), Begleiter, Adjektive, Adverbien, Pronomen, Verben,
Präpositionen und Konjunktionen.

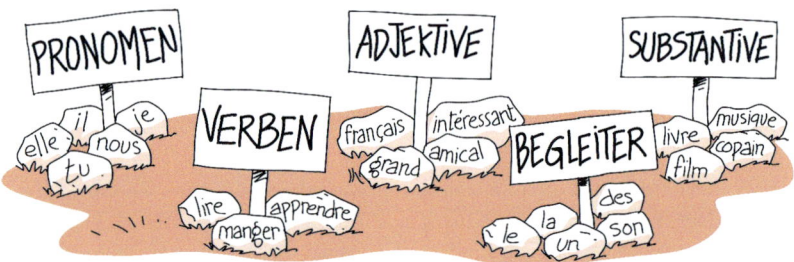

Einige dieser Wortarten sind veränderlich, z.B: Verben: **lire** – (elle) **lit**;
Adjektive: **français** – **française** – **françaises**; Nomen: **livre** – **livres** usw.

Aus den Wortarten können Sie Sätze zusammenstellen. Im Satz werden aus den
Wortarten Satzteile.

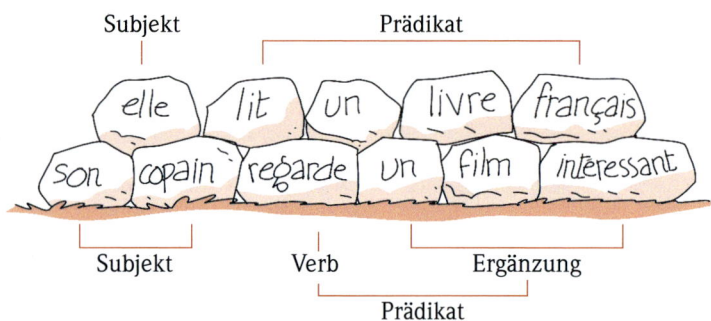

Sie liest ein französisches Buch. Ihr Freund sieht einen interessanten Film.

Ein vollständiger Aussagesatz besteht aus einem Subjekt und einem Prädikat.

Subjekt eines Satzes kann sein:

Matthieu apprend l'allemand.   ein Eigenname,
Matthieu lernt Deutsch.

Elle préfère lire.	ein Subjektpronomen,
Sie liest lieber.	
Cet acteur est très connu.	ein Nomen mit Begleiter,
Dieser Schauspieler ist sehr bekannt.	
Voyager est très agréable.	ein Infinitiv,
Reisen ist sehr angenehm.	
Ce qu'elle dit n'est pas vrai.	ein Nebensatz.
Was sie sagt, stimmt nicht.	

Das Prädikat kann aus einem Verb oder aus einem Verb und einer oder mehreren Ergänzungen bestehen:

Jean-Yves **travaille**.
Jean-Yves arbeitet.
Jean-Yves **travaille à Paris**.
Jean-Yves arbeitet in Paris.
Jean-Yves **travaille à Paris aux Galeries Lafayette**.
Jean-Yves arbeitet in Paris in den Galeries Lafayette.

Für französische Sätze gibt es eine Reihe von festen Stellungsregeln. Das bedeutet, dass Sie bestimmte Satzteile nur in einer bestimmten Reihenfolge im Satz benutzen können. Die normale Stellung der Satzteile im Aussagesatz ist: Subjekt + Verb + Ergänzung.
In dieser Grammatik können Sie nachschlagen, wenn Sie etwas über die Formen und den Gebrauch der Wortarten wissen wollen, wenn Sie wissen wollen, nach welchen Regeln Sie im Französischen Satzteile zu Sätzen zusammenfügen können und welche Satzarten es im Französischen gibt.

Im Anhang zu dieser Grammatik finden Sie das französische Alphabet, die französischen Laute und ihre Umschrift und die französischen Satzzeichen.
Zum Auffinden einer gesuchten Erklärung steht Ihnen ein ausführliches Register mit deutschen und französischen Stichwörtern zur Verfügung.

Das Nomen und seine Begleiter

1 Das Nomen

Nomen – oder Substantive – sind Wörter, die Personen, Dinge oder etwas Abstraktes bezeichnen: Mensch, Lampe, Freude.

maskulin	feminin
un homme	**une** femme
ein Mann	eine Frau

Im Französischen sind Nomen entweder feminin oder maskulin. Neutrale (sächliche) Nomen wie im Deutschen – z. B. „das Kind" – gibt es nicht. Im Singular können Sie das Nomen immer am dazugehörigen unbestimmten Artikel erkennen.

Deshalb ist es das Beste, Sie lernen die Nomen immer mit dem dazugehörigen unbestimmten Artikel.

2 Das Geschlecht der Nomen

1. Einige Nomen können maskulin und feminin sein. In diesem Fall können Sie sich das Geschlecht des Nomens nur am Artikel merken:

un artiste	ein Künstler	une artiste	eine Künstlerin
un camarade	ein Kamerad	une camarade	eine Kameradin
un collègue	ein Kollege	une collègue	eine Kollegin
un élève	ein Schüler	une élève	eine Schülerin
un enfant	ein Kind	une enfant	ein Kind
un journaliste	ein Journalist	une journaliste	eine Journalistin
un locataire	ein Mieter	une locataire	eine Mieterin
un touriste	ein Tourist	une touriste	eine Touristin

2. Häufig unterscheidet sich das feminine Nomen von der maskulinen Form durch die Endung -e. Durch diese Endung wird der im Maskulinum nicht hörbare Endkonsonant in der femininen Form ausgesprochen:

un assistant	ein Assistent	une assistant**e**	eine Assistentin
un avocat	ein Anwalt	une avocat**e**	eine Anwältin
un client	ein Kunde	une client**e**	eine Kundin
un Allemand	ein Deutscher	une Allemand**e**	eine Deutsche
un voisin	ein Nachbar	une voisin**e**	eine Nachbarin
un Américain	ein Amerikaner	une Américain**e**	eine Amerikanerin

3. Einige Nomen verfügen über besondere feminine Formen, die Sie bilden können durch:

■ Verdoppelung des Endkonsonanten + -e,

| un chien | ein Hund | une chien**ne** | eine Hündin |
| un patron | ein Chef | une patron**ne** | eine Chefin |

■ die Endung -ère,

| un étrang**er** | ein Ausländer | une étrang**ère** | eine Ausländerin |
| un ouvri**er** | ein Arbeiter | une ouvri**ère** | eine Arbeiterin |

■ die Endung -euse,

| un vend**eur** | ein Verkäufer | une vend**euse** | eine Verkäuferin |
| un dans**eur** | ein Tänzer | une dans**euse** | eine Tänzerin |

■ die Endung -trice,

| un direc**teur** | ein Direktor | une direc**trice** | eine Direktorin |
| un ac**teur** | ein Schauspieler | une ac**trice** | eine Schauspielerin |

■ die Endung -esse,

| un prince | ein Prinz | une princ**esse** | eine Prinzessin |

■ oder die Endung -ive.

| un sport**if** | ein Sportler | une sport**ive** | eine Sportlerin |

4. Einige Nomen – vor allem Berufsbezeichnungen – haben nur eine maskuline Form:

un auteur	ein Autor
un chef	ein Chef
un dentiste	ein Zahnarzt
un écrivain	ein Schriftsteller
un guide	ein Fremdenführer
un ingénieur	ein Ingenieur
un juge	ein Richter
un maire	ein Bürgermeister
un médecin	ein Arzt
un ministre	ein Minister
un peintre	ein Maler

| un pilote | ein Pilot |
| un professeur | ein Lehrer |

Man behilft sich mit Formulierungen wie z. B.: Madame le juge, Madame le ministre, une femme auteur, une femme médecin – Frau Richterin, Frau Ministerin, eine Autorin, eine Ärztin.

5. Bei einigen Nomen kann man an der Endung ablesen, ob sie maskulin oder feminin sind:

	Typische maskuline Endungen	Ausnahmen
-age	le mariage, le jumelage, le garage, un étage, le stage, le paysage, le voyage, le fromage die Hochzeit, die (Städte)-partnerschaft, die Garage, eine Etage, das Praktikum, die Landschaft, die Reise, der Käse	la cage, une image, la page, la plage der Käfig, ein Bild, die Seite, der Strand
-ail	le travail, le détail die Arbeit, das Detail	
-eau	le bureau, le château, le manteau der Schreibtisch, das Schloss, der Mantel	
-ège	le collège das Collège (Schultyp)	
-ent	l'accent, l'argent, le vent der Akzent, das Geld, der Wind	
-isme	le tourisme, l'alpinisme, l'athlétisme, le socialisme der Tourismus, das Bergsteigen, die Leichtathletik, der Sozialismus	
-ment	un appartement, le monument, le renseignement, le comportement, un événement eine Wohnung, das Denkmal, die Auskunft, das Verhalten, ein Ereignis	
-oir	un devoir, le trottoir eine Schulaufgabe, der Bürgersteig	
-teur	le moteur, un ordinateur der Motor, ein Computer	

	Typische feminine Endungen	Ausnahmen
-ade	la salade, la promenade, la balade der Salat, der Spaziergang, der Spaziergang (fam.)	le stade das Stadion
-ance	la correspondance, la connaissance, une ambiance der Anschluß/der Briefwechsel, die Bekanntschaft, eine Stimmung	
-ence	la différence, la conférence der Unterschied, die Konferenz	
-ée	la journée, la soirée, la randonnée, une idée der Tag, der Abend, die Wanderung, eine Idee	le musée, le lycée das Museum, das Gymnasium
-esse	une adresse, la jeunesse, la gentillesse eine Adresse, die Jugend, die Freundlichkeit	
-ette	la cassette, la fourchette, une assiette, une omelette die Kassette, die Gabel, ein Teller, ein Omelett	
-ie	la librairie, la boucherie, la boulangerie, la maladie die Buchhandlung, die Fleischerei, die Bäckerei, die Krankheit	
-ion	la question, la réunion, la discussion, une expression die Frage, die Versammlung, die Diskussion, ein Ausdruck	un avion, un million, le camion ein Flugzeug, eine Million, der Lastwagen
-ise	la crise, la chemise, la surprise die Krise, das Hemd, die Überraschung	
-ité	la publicité, la qualité, la spécialité, une unité, une université die Werbung, die Qualität, die Spezialität, eine Einheit, eine Universität	
-tié	la moitié, une amitié, la pitié die Hälfte, eine Freundschaft, das Mitleid	

Typische feminine Endungen		Ausnahmen

-tion   une addition, une attention, la correction, une exposition, une information, la conversation

ein Zusatz / eine Rechnung, eine Achtung, die Korrektur, eine Ausstellung, eine Information, das Gespräch

-tude   une étude, la solitude, une habitude

eine Studie, die Einsamkeit, eine Gewohnheit

3 Singular und Plural

Den Plural der meisten Nomen bilden Sie, indem Sie ein -s an das Nomen anhängen. Da das -s nicht ausgesprochen wird, können Sie in der gesprochenen Sprache den Plural meist nur an dem (oder den) Begleiter(n), z.B. am Artikel, erkennen.

le billet	les billets	die Fahrkarte	die Fahrkarten
la gare	les gares	der Bahnhof	die Bahnhöfe
un café	des cafés	ein Café	Cafés
une table	des tables	ein Tisch	Tische

Nomen, die schon auf -s, -x oder -z enden, erhalten kein weiteres -s für den Plural.

le cours	les cours	der Kurs	die Kurse
le prix	les prix	der Preis	die Preise
le nez	les nez	die Nase	die Nasen

Neben der regelmäßigen Pluralbildung auf -s gibt es besondere Pluralformen. Die meisten Nomen auf -ail bilden den Plural auf -s. Nur einige bilden den Plural auf -aux.

le détail	les détails	das Detail	die Details
le travail	les travaux	die Arbeit	die Arbeiten

Nomen auf -al haben die Pluralendung -aux.

le journal	les journaux	die Zeitung	die Zeitungen
un animal	les animaux	ein Tier	Tiere

Ausnahmen:

le bal	les bals	der Tanzball	die Tanzbälle
le festival	les festivals	das Festival	die Festivals
le carnaval	les carnavals	der Karneval	die Karnevale

Nomen auf -au und -eau bilden den Plural mit -x.

le bureau	les bureaux	das Büro	die Büros
le manteau	les manteaux	der Mantel	die Mäntel
le cadeau	les cadeaux	das Geschenk	die Geschenke

Nomen auf -eu bilden den Plural mit -x.

le cheveu	les cheveux	das Haar	die Haare
le neveu	les neveux	der Neffe	die Neffen
le feu	les feux	das Feuer	die Feuer
le lieu	les lieux	der Ort	die Orte

Ausnahmen:

le pneu	les pneus	der Reifen	die Reifen

Die meisten Nomen auf -ou bilden den Plural auf -s.

le clou	les clous	der Nagel	die Nägel
le cou	les cous	der Hals	die Hälse
le trou	les trous	das Loch	die Löcher

Ausnahmen:

le bijou	les bijoux
der Schmuck	die Schmuckstücke

le chou	les choux
der Kohl	die Kohlköpfe

le genou	les genoux
das Knie	die Knie

· Wo haben Sie diese Schmuckstücke geraubt?
– Aber, das sind Geschenke.

Einige Nomen haben ganz besondere Pluralformen.

Madame	Mesdames		
Mademoiselle	Mesdemoiselles		
Monsieur	Messieurs		
un œil [ɛ̃nœj]	des yeux [dezjø]	ein Auge	Augen

In zwei wichtigen Fällen verändert sich die Aussprache der Pluralform:

un œuf [ɛ̃nœf]	des œufs [dezø]	ein Ei	Eier
un bœuf [bœf]	des bœufs [bø]	ein Rind	Rinder

4 **Der Plural der zusammengesetzten Nomen**

Die Pluralbildung der zusammengesetzten Nomen ist sehr unterschiedlich. Hier sehen Sie in Zweifelsfällen am besten im Wörterbuch nach.

le wagon-restaurant	les wagon**s**-restaurant**s**
der Speisewagen	die Speisewagen
le timbre-poste	les timbre**s**-poste
die Briefmarke	die Briefmarken
le tire-bouchon	les tire-bouchon**s**
der Korkenzieher	die Korkenzieher
le porte-monnaie	les porte-monnaie
die Geldbörse	die Geldbörsen

5 **Nomen ohne Singular**

Einige Nomen werden im Französischen nur im Plural gebraucht, z. B.:

les environs	die Umgebung
les frais	die Kosten
les gens	die Leute
les honoraires	das Honorar
les mathématiques	die Mathematik

6 **Die Begleiter**

Nomen (oder Substantive) werden im Deutschen wie im Französischen meistens von anderen Wörtern begleitet, die das Nomen näher bestimmen, z. B.: „das Buch", „ihr Vater", „eine Blume", „dieser Bahnhof". Diese Wörter nennt man Begleiter.

Welche Begleiter gibt es im Französischen?

die unbestimmten Artikel	**un, une, des**
	ein, eine, Artikel im Deutschen nicht vorhanden
die bestimmten Artikel	**le, la, les**
	der, die (f. Sg.), die (Pl.)
die Teilungsartikel	**du** café, **de la** crème, **des** pommes
	Kaffee, Creme, Äpfel
das partitive **de**	beaucoup **de** café
	viel Kaffee

die Possessivbegleiter	**mon, ma, mes, ton, ta ...**
	mein, meine (f. Sg.), meine (Pl.), dein, deine ...
den Demonstrativbegleiter	**ce, cette, ces**
	dieser (m. Sg.), diese (f. Sg.), diese (Pl.)
den Frage- und Ausrufebegleiter	**quel, quelle, quels, quelles**
	welcher, welche (f. Sg.), welche (m. Pl.),
	welche (f. Pl.)
die unbestimmten Begleiter	**tout, chaque, autre ...**
	alle, jeder, andere ...
die Zahlen	**un, deux, trois ...**
	ein, zwei, drei ...

| **une clé** | **des clés** | **mes clés** | **quelle clé?** | **cette clé** |
| ein Schlüssel | Schlüssel | meine Schlüssel | welcher Schlüssel | dieser Schlüssel |

7 Der unbestimmte Artikel

Unbestimmte Artikel kennen Sie auch aus dem Deutschen: „ein Buch", „eine Blume", „ein Haus".

Singular

un restaurant	**un** hôtel	**un** ist der unbestimmte Artikel für
ein Restaurant	ein Hotel	maskuline Nomen.
une cassette	**une** adresse	**une** ist der unbestimmte Artikel für
eine Kassette	eine Adresse	feminine Nomen.

Plural

des restaurants	**des** hôtels	**des** ist die Form des unbestimmten
Restaurants	Hotels	Artikels im Plural für maskuline und
des cassettes	**des** adresses	feminine Nomen. Im Deutschen gibt
Kassetten	Adressen	es keine Pluralform des unbestimm-
		ten Artikels.

un_hôtel [ɛ̃notɛl]		Vor Vokal und stummem h wird **un**
des_adresses [dezadrɛs]		[ɛ̃n] und **des** [dez] ausgesprochen.

des illustrations
Illustrationen
de belles illustrations
schöne Illustrationen

In der Regel steht vor Adjektiven statt **des** de. In der gesprochenen Sprache hört man aber häufig **des**.

Elle n'a plus **de** tomates.
Sie hat keine Tomaten mehr.

Auch in verneinten Sätzen steht **de** statt **des**.

8 | Der bestimmte Artikel

1 | Der bestimmte Artikel

Im Deutschen gibt es drei bestimmte Artikel im Singular: „der", „die", „das" und im Plural einen: „die". Im Französischen hat der bestimmte Artikel folgende Formen:

Singular

le restaurant	**l'**hôtel	**le** ist der bestimmte Artikel für
das Restaurant	das Hotel	maskuline Nomen.
la cassette	**l'**adresse	**la** ist der bestimmte Artikel für
die Kassette	die Adresse	feminine Nomen. Beginnt das
		Nomen mit einem Vokal oder mit
		stummem h, werden **le** und **la** apos-
		trophiert, das heißt zu **l'** verkürzt.

Plural

les restaurants	**les** hôtels	Der bestimmte Artikel im Plural ist
die Restaurants	die Hotels	für maskuline und feminine Nomen
les cassettes	**les** adresses	**les**.
die Kassetten	die Adressen	
les_hôtels [lezotɛl]		Vor Vokal und stummem h wird **les**
les_adresses [lezadrɛs]		[lez] ausgesprochen.
le hamburger	**la** haine	Nicht jedes h im Französischen
der Hamburger	der Hass	ist ein stummes h. Vor einigen Wör-
le haricot	**la** hauteur	tern, die mit h beginnen, wird die
die Bohne	die Höhe	normale Form des Artikels (nicht **l'**)

le hasard	la hiérarchie	gebraucht. Diese Wörter sind im
der Zufall	die Hierarchie	Wörterbuch meist mit Sternchen (*)
le héros	la honte	gekennzeichnet: *héros
der Held	die Schande	

2 Der zusammengezogene Artikel

Zusammengezogene Artikel gibt es auch im Deutschen: „Ich gehe **zum** (zu dem) Bahnhof." „Ich schaue **ins** (in das) Buch".

Im Französischen können die bestimmten Artikel mit den Präpositionen **de** und **à** zusammengezogen werden.

1. de mit Artikel

	de la	chanson.	Nur die Artikel le
		des Liedes.	und les werden mit
	de l'	article.	der Präposition de
Voici une copie		des Artikels.	zusammengezogen:
Hier eine Kopie	du	dossier.	de + le = du
		der Akte.	de + les = des
	des	recettes.	
		der Einnahmen.	

Die Präposition **de** kommt auch in präpositionalen Ausdrücken wie **près de, à côté de** usw. vor. Auch in diesen Ausdrücken muss **de**, wenn es vor **le** oder **les** steht, zu **du/des** verändert werden.

près **du** cinéma	(près de)	nahe des Kinos
à côté **du** parc	(à côté de)	neben dem Park
à gauche **des** halles	(à gauche de)	links von den Hallen

2. à mit Artikel

	à la	gare.	Nur die Artikel le
		zum Bahnhof.	und les werden mit
	à l'	école.	der Präposition à
Florence va		zur Schule.	zusammengezogen:
Florence geht	au	marché.	à + le = au
		zum Markt.	à + les = aux
	aux	halles.	
		zu den Hallen.	

Die Präposition à kommt auch in präpositionalen Ausdrücken wie **grâce à**, **jusqu'à** usw. vor. Auch in diesen Ausdrücken muss **à**, wenn es vor **le** oder **les** steht, zu **au**/**aux** verändert werden.

jusqu'**au** parc	(jusqu'à)	bis zum Park
grâce **aux** grands-parents	(grâce à)	dank der Großeltern

3 | Der Gebrauch des bestimmten Artikels

Der Gebrauch des bestimmten Artikels ist im Deutschen und im Französischen nicht immer gleich.

Manchmal steht im Französischen ein Artikel und im Deutschen nicht. Im folgenden Abschnitt finden Sie die wichtigsten Unterschiede im Gebrauch der bestimmten Artikel.

1. Der bestimmte Artikel bei geografischen Namen

Anders als im Deutschen steht im Französischen bei Kontinenten der bestimmte Artikel. Die Namen der Kontinente sind alle feminin.

l'Europe	Europa
l'Amérique	Amerika
l'Asie	Asien
l'Afrique	Afrika
l'Océanie	Ozeanien

Bei Ländernamen steht im Französischen meistens der bestimmte Artikel. Ausnahmen sind: **Israël, Andorre, Monaco, Saint-Marin.** Ländernamen können maskulin oder feminin sein.

le Luxembourg	Luxemburg
le Portugal	Portugal
le Mexique	Mexiko
la France	Frankreich
la Suisse	Schweiz
l'Allemagne *(f.)*	Deutschland
les Pays-Bas	Niederlande
les États-Unis	Vereinigte Staaten

2. Der bestimmte Artikel bei Zeitangaben

Der Wochentag ohne Artikel bezeichnet einen bestimmten Tag.

> **Vous pouvez venir mardi?**
> Können Sie am Dienstag kommen?

Der bestimmte Artikel vor dem Wochentag drückt eine Wiederholung aus.
Im Deutschen fügt man dafür ein **-s** an den Wochentag an.

> **Non, le mardi j'ai toujours un cours de français.**
> Nein, dienstags habe ich immer einen Französischkurs.

Ein Datum gibt man mit dem bestimmten Artikel an.

> **Aujourd'hui, nous sommes le 20 août.**
> Heute ist der 20. August.
> **Les vacances commencent le 15 juillet.**
> Die Ferien beginnen am 15. Juli

Bei Angaben von Tageszeiten ist der Gebrauch unterschiedlich:

le matin, **le** soir, **la** nuit morgens, abends, nachts	mit Artikel, um eine Regelmäßigkeit auszudrücken;
ce soir, **cette** nuit heute Abend, heute Nacht	mit Demonstrativbegleiter, wenn es sich auf den **heutigen** Tag bezieht;
demain matin, lundi soir morgen früh/Vormittag, Montagabend	ohne Artikel, wenn ein Zeitadverb oder ein Wochentag hinzukommt.

3. Außerdem wird im Französischen der Artikel verwendet:

Elle a **les** yeux bleus. Sie hat blaue Augen.	bei Körperteilen,
les mathématiques, **la** chimie Mathematik, Chemie	bei Schulfächern und Wissenschaften,
le commissaire Maigret Kommissar Maigret	bei Titel + Namen,
Monsieur **le** maire Herr Bürgermeister	zwischen **Monsieur/Madame** und der Angabe eines Titels.

⚠️ Monsieur	le monsieur	Vor **Madame** und **Mademoiselle**
Aber: Madame	la dame	steht nie ein Artikel. Sie sind reine
Mademoiselle	la demoiselle	Anredeformen.

9 Das partitive *de* und der Teilungsartikel

1 Das partitive *de*

Im Deutschen steht nach einer Mengenangabe kein Artikel: „ein Glas Saft", „ein Kilo Kartoffeln", „wenig Salz". Im Französischen verwenden Sie nach einer Mengenangabe das partitive **de**. Vor Vokal und stummem **h** wird **de** apostrophiert.

	deux kilos de pommes.	… zwei Kilo Äpfel.
Inès achète	**un litre de** lait.	… einen Liter Milch.
Ines kauft	**une bouteille d'**huile.	… eine Flasche Öl.
	un kilo d'oranges.	… ein Kilo Orangen.

Elle a encore	**assez de** beurre.	… genug Butter.
Sie hat noch	**beaucoup de** fromage.	… viel Käse.

Mengenangaben können sein:

un kilo	ein Kilo	Nomen,
un litre	ein Liter	
une boîte	eine Dose	
un paquet	eine Packung	
une tasse	eine Tasse	

du lait (Milch)

assez	genug	Adverbien,
peu	wenig	
beaucoup	viel	
trop	zu viel	
combien	wie viel	

un verre de lait
(ein Glas Milch)

ne … pas	kein	Verneinungen.
ne … plus	kein … mehr	

pas de lait
(keine Milch)

trop de lait (zuviel Milch)

peu de lait
(wenig Milch)

2 | Der Teilungsartikel

Nach einer Mengenangabe verwenden Sie das partitive **de**:

	deux kilos de pommes.	… zwei Kilo Äpfel.
Inès achète	**un litre de** lait.	… einen Liter Milch.
Ines kauft	**trois bouteilles d'**eau minérale.	… drei Flaschen Mineralwasser.
	un pot de confiture.	… ein Glas Marmelade.

Aber ohne Mengenangabe:

	des pommes.	… Äpfel.
Inès achète	**du** lait.	… Milch.
Ines kauft	**de** l'eau minérale.	… Mineralwasser.
	de la confiture.	… Marmelade.

Diese Sätze enthalten keine Mengenangabe. Man weiß nicht, wie viele Äpfel oder wie viel Milch Inès gekauft hat. Im Deutschen verwenden Sie an dieser Stelle keinen Artikel. Im Französischen verwenden Sie den Teilungsartikel.

Die Formen des Teilungsartikels werden aus **de** + bestimmtem Artikel gebildet:

de la
de l'
du   de + le = du
des   de + les = des

Nicht nur konkrete Gegenstände wie Äpfel, Brot oder Wasser werden mit dem Teilungsartikel angegeben. Auch abstrakte Begriffe werden damit verbunden.

Est-ce que vous avez du tabac?

Non, on ne vend pas de tabac ici.

Sylvie a **de la** chance.
Sylvie hat Glück.

Pierre a **de** l'humour.
Pierre hat Humor.

Ils ont **de** l'expérience.
Sie haben Erfahrung.

· *Haben Sie Tabak?*
– *Nein, wir verkaufen hier keinen Tabak.*

10 Der Possessivbegleiter

Possessivbegleiter sind Begleiter, die eine Zugehörigkeit oder einen Besitz aus-
drücken: „mein Hund", „seine Blume", „ihr Auto".

Wie alle anderen Begleiter richtet sich der Possessivbegleiter im Französischen
nach Geschlecht und Zahl des Nomens, vor dem er steht.

1. Possessivbegleiter für maskuline und feminine Nomen im Singular

mon, ton, son stehen vor maskulinen Nomen im Singular, aber auch vor
femininen Nomen im Singular, die mit Vokal oder stummem h beginnen.
ma, ta, sa stehen vor femininen Nomen im Singular, die mit Konsonant beginnen.
notre, votre, leur stehen vor maskulinen und femininen Nomen.

Maskulinum	Femininum	
mon bureau	**mon** adresse	**ma** clé
mein Büro	meine Adresse	mein Schlüssel
ton chien	**ton** amie	**ta** copine
dein Hund	deine Freundin	deine Freundin
son accent	**son** histoire	**sa** ville
sein/ihr Akzent	seine/ihre Geschichte	seine/ihre Stadt

notre bureau
unser Büro
votre adresse
eure/Ihre Adresse
leur clé
ihr Schlüssel

2. Possessivbegleiter für maskuline und feminine Nomen im Plural

mes	amis	meine Freunde	mes, tes, ses, nos, vos,
tes	copines	deine Freundinnen	leurs stehen vor masku-
ses	clients	seine/ihre Kunden	linen und femininen
			Nomen im Plural.
nos	relations	unsere Beziehungen	Vor Vokal und stummem
vos	paquets	eure/Ihre Pakete	h werden mes, tes, ses,
leurs	parents	ihre Eltern	nos, vos, leurs ausge-
			sprochen: mes_amis
			[meẓami]

Für die vier deutschen Formen „sein/ihr", „seine/ihre" gibt es im Französischen nur zwei Entsprechungen: **son** und **sa**. Welche der beiden Sie verwenden müssen, hängt nur vom Geschlecht des nachfolgenden Nomens ab. Das Geschlecht des „Besitzers" spielt keine Rolle.

son livre – **ihr** Buch

son livre – **sein** Buch

sa voiture – **ihr** Auto

sa voiture – **sein** Auto

leur steht vor einem Nomen im Singular, **leurs** steht vor einem Nomen im Plural.

leur chat – **ihre** Katze

leurs chats – **ihre** Katzen

11 Der Demonstrativbegleiter

Den Demonstrativbegleiter verwenden Sie, wenn Sie auf eine ganz bestimmte Person oder einen ganz bestimmten Gegenstand hinweisen wollen: „dieser Mann", „diese Zeitung", „diese Leute".

	Maskulinum	Femininum
Singular	ce bureau dieser Schreibtisch cet acteur dieser Schauspieler	cette rue diese Straße cette avenue diese Allee
Plural	ces bureaux diese Büros ces acteurs diese Schauspieler	ces rues diese Straßen ces avenues diese Alleen

Im Singular hat der maskuline Demonstrativbegleiter zwei Formen: ce und cet.
ce verwenden Sie vor Wörtern, die mit Konsonanten beginnen.
cet verwenden Sie vor Nomen, die mit Vokal oder stummem h beginnen:

cet exercice	ce petit exercice	diese Übung, diese kleine Übung
cet hôtel	ce grand hôtel	dieses Hotel, dieses große Hotel

*Non, cette boîte-là s'il vous plaît.

*Nein, bitte diese Dose hier.

Aussprache: cet und cette klingen gleich.
ces und ses klingen gleich. Was jeweils gemeint ist, müssen Sie aus dem Zusammenhang entnehmen.

In einigen französischen Ausdrücken wird im Unterschied zum Deutschen der Demonstrativbegleiter verwendet.

ce matin / **ce** soir	heute Morgen / heute Abend
cette nuit	heute Nacht
un de **ces** jours	in den nächsten Tagen
ces derniers temps	in der letzten Zeit

12 Der Frage- und Ausrufebegleiter *quel*

Der Begleiter **quel** richtet sich in Geschlecht und Zahl nach dem Nomen, vor dem er steht.

	Maskulinum		Femininum	
Singular	**Quel** vin?	Welcher Wein?	**Quelle** ville?	Welche Stadt?
Plural	**Quels** vins?	Welche Weine?	**Quelles** villes?	Welche Städte?

Aussprache: Alle vier Formen des Begleiters **quel** klingen vor Konsonanten gleich. Vor Vokal und stummem **h** wird das **-s** von **quels** und **quelles** gebunden: Quels_amis? [kɛlzami]

quel verwenden Sie:

um eine direkte Frage einzuleiten,

„Welchen Wein nehmen wir?"

um eine indirekte Frage einzuleiten,

„Ich frage mich, welchen Wein sie nehmen."

bei Ausrufen.

„Was für ein Wein!"

In einigen wichtigen französischen Ausdrücken wird der Begleiter **quel** verwendet, z. B. um nach der Uhrzeit, dem Namen, dem Alter oder der Adresse zu fragen.

Il est **quelle** heure?	Wieviel Uhr ist es?
Quel est votre nom?	Wie heißen Sie?
Quel âge as-tu?	Wie alt bist du?
Quelle est ton adresse?	Wie ist deine Adresse?

13 Die unbestimmten Begleiter

1. aucun

aucun wird an das Nomen, das es begleitet, im Geschlecht angeglichen.
aucun wird nur vor Nomen im Singular verwendet.
Es steht in verneinten Sätzen zusammen mit **ne** oder nach **sans**.

Elle **n'a aucun** problème.	Sie hat kein (einziges) Problem.
Il **n'a aucune** idée.	Er hat keine (einzige) Idee.
Son texte est **sans aucune** faute.	Sein/Ihr Text ist ohne einen (einzigen) Fehler.

aucun kann auch das Subjekt eines Satzes begleiten. **aucun** steht dann vor dem Nomen, **ne** vor dem Verb.

Aucun client **n'a** appelé.	Kein (einziger) Kunde hat angerufen.

2. autre

autre wird in der Zahl an das Nomen angeglichen, vor dem es steht.

un **autre** restaurant	ein anderes Restaurant
une **autre** cassette	eine andere Kassette
d'**autres** restaurants	andere Restaurants
d'**autres** cassettes	andere Kassetten

Vor **autre** steht in der Regel noch ein anderer Begleiter:

les autres clients	die anderen Kunden	der bestimmte Artikel,
un autre film	ein anderer Film	der unbestimmte Artikel,
cette autre ville	diese andere Stadt	der Demonstrativbegleiter,
mon autre adresse	meine andere Adresse	der Possessivbegleiter.

3. chaque

chaque hat nur eine einzige Form und steht nur vor Nomen im Singular.

chaque homme	jeder Mann
chaque femme	jede Frau

4. tout

Der Begleiter **tout** wird in Geschlecht und Zahl an das Nomen, vor dem es steht, angeglichen. **tout** bedeutet im Singular „ganz" und im Plural „alle".

tout le journal	die ganze Zeitung
toute la famille	die ganze Familie
tous mes copains	alle meine Freunde
toutes les chansons	alle Lieder

Nach **tout** steht meist noch ein Begleiter:

toute la journée	den ganzen Tag (lang)	ein bestimmter Artikel,
toute une après-midi	einen ganzen Nachmittag	ein unbestimmter Artikel,
tous ces articles	alle diese Artikel	ein Demonstrativbegleiter,
tous ses livres	alle seine/ihre Bücher	ein Possessivbegleiter.

5. n'importe quel

n'importe quel entspricht dem deutschen „irgendein/e". quel wird in Geschlecht und Zahl an das Nomen, das es begleitet, angeglichen.

n'importe quel problème	**n'importe quelle** question
irgendein Problem	irgendeine Frage
n'importe quels problèmes	**n'importe quelles** questions
irgendwelche Probleme	irgendwelche Fragen

6. tel

tel entspricht dem deutschen „solch", „solche".
tel wird in Geschlecht und Zahl dem Nomen angeglichen, das es begleitet.
tel steht immer direkt vor dem Nomen und wird in der Regel zusammen mit dem unbestimmten Artikel verwendet.

un **tel** désordre	une **telle** catastrophe
eine solche Unordnung	eine solche Katastrophe
de **tels** mots	de **telles** expressions
solche Wörter	solche Ausdrücke

14 Die Zahlwörter

1 Die Grundzahlen

0	zéro	31	trente et un/e
1	un, une	40	quarante
2	deux	50	cinquante
3	trois	60	soixante
4	quatre	70	soixante-dix
5	cinq	71	soixante et onze
6	six	72	soixante-douze
7	sept	79	soixante-dix-neuf
8	huit	80	quatre-vingts
9	neuf	81	quatre-vingt-un
10	dix	82	quatre-vingt-deux
11	onze	90	quatre-vingt-dix
12	douze	91	quatre-vingt-onze
13	treize	92	quatre-vingt-douze
14	quatorze	99	quatre-vingt-dix-neuf
15	quinze	100	cent
16	seize	101	cent un/e
17	dix-sept	110	cent dix
18	dix-huit	200	deux cents
19	dix-neuf	1000	mille
20	vingt	1789	mille sept cent quatre-vingt-neuf
21	vingt et un/e	2000	deux mille
22	vingt-deux	1000000	un million
30	trente		

Im Unterschied zum Deutschen sind französische Zahlen maskulin.
Für „eins" gibt es auch eine feminine Form.

C'est **un** trois ou **un** cinq?	Ist das eine drei oder eine fünf?
Trente et **un** livres.	Einunddreißig Bücher.
Vingt et **une** cassettes.	Einundzwanzig Kassetten.

zéro, vingt, cent haben eine Pluralform, wenn sie als letzte Zahl stehen.
Folgt eine weitere Zahl, entfällt das Plural -s.

deux **zéros**	zwei Nullen
quatre-**vingts**	achtzig
aber: quatre-**vingt**-quatre	vierundachtzig
deux **cents** aber: deux **cent** dix	zweihundert, zweihundertzehn

mille ist unveränderlich.

mille, trois **mille**,	eintausend, dreitausend,
trois **mille** deux cents	dreitausendzweihundert

million hat im Plural ein -s, auch dann, wenn eine weitere Zahl folgt.

deux **millions**	zwei Millionen
deux **millions** trois cent mille	zwei Millionen dreihunderttausend

Nach **million** werden Nomen (wie bei Mengenangaben) mit **de** angeschlossen.

un million **de** voitures	eine Million Autos
deux millions **d'**euros	zwei Millionen Euro

Folgt allerdings auf **million** eine weitere Zahl, entfällt das **de**.

Deux millions cinq cent mille habitants	zwei Millionen fünfhunderttausend Einwohner

2 | Die Ordnungszahlen

le	1er	le premier
la	1re	la première
le/la	2^e	le/la deuxième, le/la second/e
le/la	3^e	le/la troisième
le/la	4^e	le/la quatrième
le/la	5^e	le/la cinquième

le/la	6e	le/la sixième	le/la	10e	le/la dixième
le/la	7e	le/la septième	le/la	11e	le/la onzième
le/la	8e	le/la huitième	le/la	12e	le/la douzième
le/la	9e	le/la neuvième	le/la	20e	le/la vingtième
			le/la	21e	le/la vingt et unième
			le/la	30e	le/la trentième usw.
			le/la	100e	le/la centième
			le/la	200e	le/la deuxcentième
			le/la	1000e	le/la millième
			le/la	1001e	le/la mille et unième

Die Ordnungszahlen bilden Sie, indem Sie an die Grundzahlen die Endung -ième anhängen. Ausnahme: premier/première. – der Erste, die Erste. Endet die Grundzahl auf -e, fällt dieses bei der Ordnungszahl weg: onze, onzième – elf, der Elfte.

Ein Datum wird im Französischen immer mit der Grundzahl angegeben.

le **trois** mai	der/am dritte/n Mai
Il est né le **29** août.	Er ist am 29. August geboren.

Nur der Erste eines Monats wird mit der Ordnungszahl angegeben:

le **premier** mars/mai/décembre	der/am erste/n März/Mai/Dezember

Aus den Ordnungszahlen können Sie Adverbien ableiten.

premièrement	erstens	deuxièmement	zweitens

3 | Bruchzahlen

Den Zähler der Bruchzahl bilden Sie mit einer Grundzahl, den Nenner mit einer Ordnungszahl. Ausnahmen: un demi, un tiers, un quart – ein Halb, ein Drittel, ein Viertel.

$1/5$	un cinquième		$2/5$	deux cinquièmes
$1/6$	un sixième		$5/6$	cinq sixièmes

aber:

$1/2$	un **demi**	$1/3$	un **tiers**	$1/4$	un **quart**

4 | Sammelzahlen

Im Französischen gibt es Sammelzahlen, mit denen Sie eine ungefähre Anzahl bezeichnen können. Ausnahme: une **douzaine** d'œufs (ein Dutzend Eier)

une **dizaine** de personnes	ungefähr zehn Personen
une **quinzaine** de participants	etwa fünfzehn Teilnehmer
une **vingtaine** de clients	zirka zwanzig Kunden
une **centaine** de livres	etwa einhundert Bücher
aber: un **millier** de fotos	etwa tausend Fotos

Sammelzahlen können Sie nur aus einfachen (also nicht zusammengesetzten) Zahlen bilden.
Bei zusammengesetzten Zahlen verwenden Sie environ + Grundzahl.
environ quatre-vingts personnes — ungefähr achtzig Personen

5 | Die Grundrechenarten

2 + 2 = 4	Deux plus deux font quatre.
4 − 2 = 2	Quatre moins deux font deux.
10 x 10 = 100	Dix fois dix font cent.
100 : 10 = 10	Cent divisé par dix font dix.

Das Adjektiv

15 | Einleitung

Mit Adjektiven (Eigenschaftswörtern) können Sie Eigenschaften von Personen und Sachen beschreiben: „eine junge Frau", „ein schönes Bild".
Adjektive werden wie die Begleiter an das Nomen angeglichen, zu dem sie gehören. Das bedeutet jedoch nicht, dass alle Adjektive auch vier verschiedene Formen haben.

16 | Unveränderliche Adjektive

Diese Adjektive haben nur eine Form.
Sie sind im Singular und im Plural unveränderlich.

des vacances **bon marché**	billige Ferien
un film **super**	ein toller Film

des collègues **chouette**	nette Kollegen
la musique **pop**	Popmusik
des pantalons **olive**	olivgrüne Hosen
des vêtements **sport**	sportliche Kleidung
des yeux **bleu ciel**	himmelblaue Augen

17 **Adjektive mit gleicher maskuliner und femininer Form**

Adjektive, deren maskuline Singularform auf -**e** endet, haben nur eine Singular- und eine Pluralform. Um die Pluralform zu bilden, hängen Sie ein -**s** an die Singularform an. Dazu zählen außerdem: **aimable, possible, pratique, rapide,** usw. – liebenswert, möglich, praktisch, schnell, usw.

un garçon

une fille | **sympathique** et **calme**

ein sympathischer und ruhiger Junge
ein sympathisches und ruhiges Mädchen

des garçons

des filles | **sympathiques** et **calmes**

sympathische und ruhige Jungen
sympathische und ruhige Mädchen

18 **Adjektive mit unterschiedlicher maskuliner und femininer Form**

Die meisten Adjektive haben unterschiedliche maskuline und feminine Formen.

maskulin	feminin
un homme **blond**	une femme **blonde**
ein blonder Mann	eine blonde Frau
un **grand** bureau	une **grande** table
ein großer Schreibtisch	ein großer Tisch

In der Regel unterscheidet sich die feminine von der maskulinen Form durch das Anhängen eines -**e** an die maskuline Form.

Von diesen Adjektiven gibt es zwei Gruppen:

1. Bei der ersten Gruppe von Adjektiven machen Sie zwar beim Schreiben einen Unterschied zwischen maskuliner und femininer Form, beide Formen werden aber gleich ausgesprochen.

Das ist der Fall bei Adjektiven:

- die auf einem Vokal enden; dazu zählen unter anderem: **gai, vrai, poli, fermé** – fröhlich, wahr, höflich, geschlossen.

un joli jardin	une jolie maison [ʒɔli]
ein hübscher Garten	ein hübsches Haus
un vélo bleu	une voiture bleue [blø]
ein blaues Fahrrad	ein blaues Auto

- die auf einem Konsonanten enden, der ausgesprochen wird; dazu zählen unter anderem: **clair, direct, correct, espagnol** – klar. direkt, richtig, spanisch.

un pantalon noir	une robe noire [nwar]
eine schwarze Hose	ein schwarzes Kleid
un texte original	une chanson originale [ɔriʒinal]
ein Originaltext	ein Originallied

- die eine besondere Schreibweise für die feminine Form haben. Dazu zählen auch Adjektive, die auf **-el** enden.

un hôtel cher	une chambre chère [ʃɛr]
ein teures Hotel	ein teures Zimmer
un jardin public	une réunion publique [pyblik]
ein öffentlicher Garten	eine öffentliche Versammlung

2. Bei der zweiten Gruppe dieser Adjektive verändert das -e an der femininen Form die Aussprache des Adjektivs: Der Endkonsonant, der bei der maskulinen Form nicht ausgesprochen wird, wird bei der femininen Form ausgesprochen.

Zu dieser Gruppe zählen Adjektive, deren maskuline Form im Schriftbild auf -d, -t oder -s endet.

grand [grã]	grande [grãd]	groß
petit [p(ə)ti]	petite [p(ə)tit]	klein
gris [gri]	grise [griz]	grau
français [frãsɛ]	française [frãsɛz]	französisch
allemand [almã]	allemande [almãd]	deutsch

Bei Adjektiven, die auf -n enden, wird bei der femininen Form außerdem noch der Endkonsonant verdoppelt. Dazu zählen außerdem: **italien, parisien, quotidien** – italienisch, parisisch, täglich.

un bon repas [bɔ̃]	**une bonne affaire** [bɔn]
ein gutes Essen	ein gutes Geschäft
le Parlement européen [ørɔpeɛ̃]	**l'union européenne** [ørɔpeɛn]
das Europäische Parlament	die Europäische Union

Ebenso bei einigen Adjektiven auf -s.
Dazu zählen unter anderem: **gras, épais** – fett, dick.

un gros camion [gro]	**une grosse voiture** [gros]
ein großer Lastwagen	ein großes Auto
un ciel bas [bɑ]	**la marée basse** [bɑs]
ein trüber Himmel	die Ebbe

Bei Adjektiven, die auf -er enden, erhält die feminine Form zusätzlich einen **accent grave**. Dazu zählen unter anderem: **premier, léger, entier, financier** – erster, leicht, ganz, finanziell.

l'an dernier [dɛrnje]	**la semaine dernière** [dɛrnjɛr]
letztes Jahr	letzte Woche
un accent étranger [etrɑ̃ʒe]	**la langue étrangère** [etrɑ̃ʒɛr]
ein ausländischer Akzent	die Fremdsprache

Ebenso einige Adjektive auf -et. Dazu zählen unter anderem: **discret, inquiet, secret** – diskret, beunruhigt, geheim.

le pain complet [kɔ̃plɛ]	**la liste complète** [kɔ̃plɛt]
das Vollkornbrot	die vollständige Liste

3. Einige Adjektive haben eigene Endungen für die feminine Form.

Adjektive auf **-eux** bilden die feminine Form auf **-euse**. Dazu zählen u. a.: **heureux, merveilleux, précieux** – glücklich, wunderbar, kostbar.

un problème sérieux [serjø]	**une question sérieuse** [serjøz]
ein ernstes Problem	eine ernste Frage
un garçon curieux [kyrjø]	**une fille curieuse** [kyrjøz]
ein neugieriger Junge	ein neugieriges Mädchen

Adjektive auf -if und -euf bilden die feminine Form auf -ive und -euve. Dazu zählen unter anderem: **exclusif, actif** – exklusiv, aktiv.

un homme sport**if** [spɔrtif]	une femme sport**ive** [spɔrtiv]
ein sportlicher Mann	eine sportliche Frau
un pantalon n**euf** [nœf]	une voiture n**euve** [nœv]
eine neue Hose	ein neues Auto

19 Der Plural der Adjektive

Die meisten Adjektive bilden die Pluralformen auf -s, das nur geschrieben, aber nicht ausgesprochen wird.

les grand**s** bureaux [grã]	les grand**es** tables [grãd]
die großen Schreibtische	die großen Tische
des vélos bleu**s** [blø]	des voitures bleu**es** [blø]
blaue Fahrräder	blaue Autos
de bon**s** repas [bɔ̃]	de bon**nes** relations [bɔn]
gute Essen	gute Beziehungen
les touristes étrang**ers** [etrãʒe]	les langues étrang**ères** [etrãʒɛr]
die ausländischen Touristen	die Fremdsprachen
des garçons sport**ifs** [spɔrtif]	des filles sport**ives** [spɔrtiv]
sportliche Jungen	sportliche Mädchen

Endet die maskuline Singularform eines Adjektives schon auf -s oder auf -x, müssen Sie an die maskuline Pluralform kein weiteres -s anfügen.

un livre **français**	des livres **français**
ein französisches Buch	französische Bücher
un homme **curieux**	des hommes **curieux**
ein neugieriger Mann	neugierige Männer

Die meisten Adjektive auf -al haben eine besondere Pluralform im Maskulinum. Dazu zählen unter anderem: **génial, original** – genial, originell.

un conseil amic**al** [amikal]	des conseils amic**aux** [amiko]
ein freundschaftlicher Ratschlag	freundschaftliche Ratschläge
une relation amic**ale** [amikal]	des relations amic**ales** [amikal]
eine freundschaftliche Beziehung	freundschaftliche Beziehungen

20 Unregelmäßige Adjektive

Maskulinum		Femininum		
Singular	Plural	Singular	Plural	
blanc	blancs	blanche	blanches	weiß
frais	frais	fraîche	fraîches	frisch
sec	secs	sèche	sèches	trocken
long	longs	longue	longues	lang
doux	doux	douce	douces	mild
faux	faux	fausse	fausses	falsch
fou	fous	folle	folles	verrückt
roux	roux	rousse	rousses	rot

21 Adjektive mit zwei maskulinen Formen

Die maskulinen Formen vieil, bel, nouvel werden nur vor maskulinen Nomen,
die mit Vokal oder mit stummem h beginnen, gebraucht: un **vieil** ordinateur.
(ein alter Computer) Aber: Cet ordinateur est **vieux**. (dieser Computer ist alt)

Bei der Aussprache wird das -l mit dem nachfolgenden Vokal gebunden:
le nouvel_an [nuvɛlā] – das neue Jahr.

un **vieux** cinéma
ein altes Kino

un **vieil**_ami
ein alter Freund

une **vieille** cassette
eine alte Kassette

les **vieux** appartements
die alten Wohnungen

les **vieilles** images
die alten Bilder

un **beau** garçon
ein schöner Junge

un **bel**_homme
ein schöner Mann

une **belle** femme
eine schöne Frau

les **beaux** monuments
die schönen Momente

les **belles** maisons
die schönen Häuser

un **nouveau** bureau   un **nouvel**‿ascenseur
ein neues Büro   ein neuer Fahrstuhl
une **nouvelle** voiture
ein neues Auto
les **nouveaux** professeurs
die neuen Lehrer
les **nouvelles** photos
die neuen Fotos

22   Der Vergleich

Adjektive können Sie steigern, wenn Sie jemanden oder etwas miteinander vergleichen wollen:

Peter ist genauso groß wie Günther.   Gleichheit
Stefan ist größer als Jürgen.   Komparativ
Christoph ist der Größte.   Superlativ

1   Der Komparativ

Den Komparativ bilden Sie, indem Sie **plus/aussi/moins** vor das Adjektiv setzen. Das Vergleichswort (im Deutschen „wie" oder „als") ist immer **que**.

| Hélène | sa sœur | son frère | Serge |
| Hélène | ihre Schwester | ihr Bruder | Serge |

Hélène est	**plus grande que**	sa sœur,	Hélène ist größer als ihre Schwester,
elle est	**aussi grande que**	son frère,	sie ist genauso groß wie ihr Bruder,
mais elle est	**moins grande que**	Serge.	aber sie ist kleiner als Serge.

Den französischen Komparativ der Unterlegenheit (**moins** + Adjektiv) übersetzen Sie auf verschiedene Weise ins Deutsche.

Elle est **moins grande** que Serge.	… kleiner als …
Pierre est **moins sportif** que Marcel.	… unsportlicher als …
Ce vin est **moins doux** que l'autre.	… weniger süß als …

2 | Der Superlativ

Der Superlativ ist die höchste Steigerungsform. Im Französischen können Sie den Superlativ in zwei Richtungen angeben:

C'est **la plus belle** maison de la ville.	… das schönste …
C'est l'élève **le moins sportif** du groupe.	… der unsportlichste …

Den Superlativ bilden Sie, indem Sie der Komparativform den bestimmten Artikel hinzufügen.

Superlativ:

le la les	plus moins	+ Adjektiv

Adjektive können vor oder hinter ihrem Bezugsnomen stehen. Im Superlativ bleibt diese Vor- oder Nachstellung erhalten.

un **vieux** pont	**le plus vieux** pont
eine alte Brücke	die älteste Brücke
une réaction **intéressante**	la réaction **la plus intéressante**
eine interessante Reaktion	die interessanteste Reaktion

3 | Sonderformen des Komparativs und des Superlativs

Die Steigerungsformen von **bon** sind unregelmäßig.

Ce vin est **bon**.
Dieser Wein ist gut.
Il est **meilleur** que l'autre.
Er ist besser als der andere.
C'est **le meilleur** livre.
Das ist das beste Buch.

Für **mauvais** gibt es zwei Steigerungsformen mit unterschiedlicher Bedeutung.

	plus mauvais/e	le/la plus mauvais/e
mauvais/e	schlechter	der/die/das schlechteste
schlecht	pire	le/la pire
	schlimmer	der/die/das schlimmste

Cette blague est **mauvaise**.　　　　　　… schlecht.
Dieser Witz ist schlecht.
Elle est **plus mauvaise** que les autres.　… schlechter …
Er ist schlechter als die anderen.
Cette journée était **pire** que les autres.　… schlimmer …
Dieser Tag war schlimmer als die anderen.

23 Gebrauch der Adjektive

Adjektive können Sie direkt vor oder nach dem Nomen als Begleiter verwenden (attributiver Gebrauch des Adjektivs).

J'ai un **grand jardin**.　　　　　Ich habe einen großen Garten.
J'ai regardé un **film intéressant**.　Ich habe einen interessanten Film gesehen.

Sie können sie auch nach einigen Verben gebrauchen; dann sind sie Teil des Prädikats (prädikativer Gebrauch).

Mon jardin **est grand**.　　　　Mein Garten ist groß.
Ce film **semble intéressant**.　Dieser Film scheint interessant zu sein.

Im Unterschied zum Deutschen werden französische Adjektive immer an das Nomen, zu dem sie gehören, angeglichen, auch wenn sie nach einem Verb stehen.

une **bonne** idée　　　　　eine gute Idee
une idée **intéressante**　　eine interessante Idee
Son idée paraît très **bonne**.　Seine/ihre Idee scheint sehr gut zu sein.
Ses idées sont **intéressantes**.　Seine/ihre Ideen sind interessant.

Prädikativ gebrauchte Adjektive stehen nach folgenden Verben: être, devenir, paraître, sembler, rester, rendre, trouver.

Cette histoire **est** intéressante.　Diese Geschichte ist interessant.
Cette histoire **semble** intéressante.　Diese Geschichte scheint interessant zu sein.
Cette histoire **devient** intéressante.　Diese Geschichte wird interessant.

Bezieht sich ein Adjektiv gleichzeitig auf ein maskulines und ein feminines Nomen, so steht dieses Adjektiv im Plural Maskulinum.

Monsieur et Madame Calvet sont très **sportifs**.
Herr und Frau Calvet sind sehr sportlich.

24 Stellung der Adjektive beim Nomen

Die Stellung der Adjektive bei Nomen ist nicht beliebig. Die meisten Adjektive werden dem Nomen nachgestellt.

Diese häufig gebrauchten Adjektive stehen aber immer vor dem Nomen. **grand** kann auch hinter dem Nomen stehen, hat dann aber eine andere Bedeutung.

un **beau** chat	un **mauvais** temps	une **grosse** voiture
eine schöne Katze	ein schlechtes Wetter	ein großes Auto
une **jolie** fille	une **grande** ville	une **jeune** femme
ein hübsches Mädchen	eine große Stadt	eine junge Frau
un **bon** vin	un **petit** bateau	un **vieux** quartier
ein guter Wein	ein kleines Schiff	ein altes Stadtviertel

Nachgestellt werden vor allem:

une chanson **traditionnelle**   lange Adjektive,
ein traditionelles Lied

un fromage **français**   Nationalitätenbezeichungen,
ein französischer Käse

une fleur **rouge**   Farbadjektive.
eine rote Blume

25 Bedeutungsänderungen bei Adjektiven

Einige Adjektive verändern ihre Bedeutung, je nachdem, ob sie vor- oder nachgestellt werden. Dazu zählen:

mon propre appartement meine eigene Wohnung	eigen	**un appartement propre** eine saubere Wohnung	sauber
mon cher ami mein lieber Freund	lieb	**une voiture chère** ein teures Auto	teuer
un pauvre type ein bedauernswerter Typ	bedauerns- wert	**un pays pauvre** ein armes Land	arm
mon ancienne école meine ehemalige Schule	ehemalig	**un bureau ancien** ein alter Schreibtisch	alt
un sale type ein übler Typ	übel	**des pantalons sales** schmutzige Hosen	schmutzig
une curieuse annonce eine merkwürdige Anzeige	merkwürdig	**un regard curieux** ein neugieriger Blick	neugierig
une longue journée ein langer Tag	lang (zeitl.)	**une route longue** eine lange Strecke	lang (räuml.)
un dernier moment ein letzter Moment	letzte/r/s	**le mois dernier** der vorige Monat	vorig
un nouveau journal eine neue Zeitung	neu	**un style nouveau** ein andersartiger Stil	andersartig
une rare beauté eine einzigartige Schönheit	einzigartig	**une fleur rare** eine seltene Blume	selten
un seul ami ein einziger Freund	einzig	**un homme seul** ein einsamer Mann	einsam

une vraie amie	wirklich,	une histoire vraie	wahr
ein echte/wirkliche Freundin	echt	eine wahre Geschichte	
un grand homme	groß,	un homme grand	groß
ein großer/berühmter Mann	berühmt	ein groß gewachsener Mann	gewachsen

26 Die Stellung mehrerer Adjektive

Auch wenn mehrere Adjektive verwendet werden, behalten diese in der Regel ihre Stellung bei.

> une **belle** robe **bleue**
> ein schönes blaues Kleid
> une **jolie petite** chambre
> ein hübsches kleines Schlafzimmer
> une femme **charmante** et **intéressante**
> eine charmante und interessante Frau

27 Adjektive und ihre Ergänzungen

Viele Adjektive können Ergänzungen bei sich haben. Diese Ergänzungen bestehen aus einem Nomen oder einem Verb und sie werden meistens mit à oder de angeschlossen.

> Elle est **fière de son frère**.   Adjektiv + Präp. + Nomen
> Sie ist stolz auf ihren Bruder.
>
> Elle est **fière d'avoir gagné**.   Adjektiv + Präp. + Verb
> Sie ist stolz darauf,
> gewonnen zu haben.

Diese Adjektive mit ihren Ergänzungen werden häufig im Deutschen ganz anders ausgedrückt:

Adjektiv	+ Nomen	+ Infinitiv	Übersetzung
âgé	**de** 40 ans	–	40 Jahre alt
amoureux	**de** Janine	–	verliebt in Janine
bon	**avec**/**pour**/**envers** ses prochains	**à** savoir	gut zu …
capable	**de** tous les records	**de** l'oublier	fähig zu …
comparable	**à** l'Allemagne	–	vergleichbar mit …
content	**du** résultat	**d'**arriver	zufrieden mit dem Ergebnis / sich freuen anzukommen
contraire	**à** la règle	–	gegen die Regel
étonné	**de** cette lettre	**de** te voir	erstaunt über diesen Brief / dich zu sehen
fier	**de** son livre	**d'**avoir réussi	stolz auf … / darauf, es geschafft zu haben
fort	**en** maths	–	gut in …
gentil	**avec** eux	**d'**y avoir pensé	nett zu … / daran gedacht zu haben
haut	**de** 20 mètres	–	20 Meter hoch
heureux	**de** la réussite	**de** vous voir	glücklich über den Erfolg / euch/Sie zu sehen
large	**de** 2 kilomètres	–	2 km breit
long	**de** 500 mètres	–	500 m lang
méchant	**avec**/**envers** les autres	**de** faire cela	böse zu …
pareil	**à** tous les autres	–	gleich allen anderen
plein	**d'**eau	–	voller / voll mit …
prêt	**à** tout	**à** servir	bereit zu …

Das Adverb

28 Einleitung

Adjektive beziehen sich auf Nomen oder Pronomen. Sie können damit Personen oder Sachen beschreiben.

Adverbien dagegen beziehen sich nicht auf Nomen oder Pronomen sondern auf:

- Eigenschaften: „Felix ist sehr sportlich." Das Adverb „sehr" bezieht sich auf das Adjektiv „sportlich".

- Tätigkeiten: „Nora redet schnell." Das Adverb „schnell" bezieht sich auf das Verb „redet".

- Zeitangaben: „Peter fehlt sehr oft." Das Adverb „sehr" bezieht sich auf das Adverb „oft".

- Sachverhalte: „Normalerweise kommen sie pünktlich." Das Adverb „normalerweise" bezieht sich hier auf den ganzen Satz.

Im Deutschen ist es manchmal schwierig, Adjektiv und Adverb zu unterscheiden: „Sie fährt langsam." (Adverb); „Sie ist langsam." (Adjektiv).

Im Französischen ist das anders: Adjektive und Adverbien haben meistens eigene Formen.

29 Ursprüngliche Adverbien

Die ursprünglichen Adverbien haben keine besondere Form, an der man sie erkennen könnte.

assez	aussi	beaucoup	bien	déjà	encore	hier	ici
ziemlich	auch	viel	gut	schon	noch	gestern	hier

parfois	plutôt	souvent	tant	tard	tôt	toujours
manchmal	eher	oft	so	spät	früh	immer

très	trop	vite	usw.
sehr	zu	schnell	

30 Abgeleitete Adverbien

Die meisten Adverbien werden von Adjektiven abgeleitet.

1. Abgeleitete Adverbien auf -ment:

Um das Adverb zu bilden hängen Sie an die feminine Singularform eines Adjektivs -ment an.

lent, lente	lentement	langsam
sérieux, sérieuse	sérieusement	ernsthaft
long, longue	longuement	lang
actif, active	activement	aktiv
régulier, régulière	régulièrement	regelmäßig

Adjektive, deren maskuline Form auf einen Vokal endet, leiten das Adverb von dieser Form ab.

rare	rarement	selten
difficile	difficilement	schwer
vrai	vraiment	wirklich
absolu	absolument	absolut

Ausnahme:

gai, gaie	gaiement	fröhlich/lustig

2. Abgeleitete Adverbien auf -amment:

Adjektive mit der Endung -ant bilden die Adverbien auf -amment.

élégant, élégante	élégamment	elegant
méchant, méchante	méchamment	boshaft
constant, constante	constamment	ständig/stets

3. Abgeleitete Adverbien auf -emment:

Adjektive mit der Endung -ent bilden die Adverbien auf -emment.

⚠️ Achten Sie auf die Aussprache [-amã].

différent, différente	différemment	anders
impatient, impatiente	impatiemment	ungeduldig

4. Abgeleitete Adverbien auf -**ément**:

Einige Adverbien enden auf -**ément**.
Die müssen Sie lernen.

commode	commod**ément**	bequem
confus, confuse	confus**ément**	undeutlich
énorme	énorm**ément**	enorm
précis, précise	précis**ément**	genau
profond, profonde	profond**ément**	tief

5. Unregelmäßige Adverbien:

gentil, gentille	**gentiment**	nett
bon, bonne	**bien**	gut
mauvais, mauvaise	**mal**	schlecht
meilleur, meilleure	**mieux**	besser

31 Adjektive ohne ableitbares Adverb

Sie können nicht von jedem Adjektiv ein Adverb auf -**ment** ableiten. Zu den Adjektiven, die keine Adverbien ableiten können, zählen:

- Farbadjektive,

- eine Reihe weiterer Adjektive, z. B.: **célèbre, fatigant, fatigué, jeune, moderne, neuf, nombreux, vieux** – berühmt, ermüdend, müde, jung, modern, neu, zahlreich, alt.

Für fehlende Adverbien können Sie in manchen Fällen Umschreibungen verwenden, z. B.:

de façon	+ Adjektiv	Elle m'a persuadé **de façon charmante**. Sie hat mich auf charmante Weise überzeugt.
de manière	+ Adjektiv	Il se comporte **de manière étrange**. Er benimmt sich seltsam.
d'un air	+ Adjektiv	Elle me regarde **d'un air étonné**. Sie sieht mich erstaunt an.
en	+ Adjektiv	Elle voit la vie **en rose**. Sie sieht alles rosarot.

32 Der Vergleich

Wenn Sie Handlungen oder Tätigkeiten miteinander vergleichen wollen, können Sie Adverbien steigern.

Lola rennt schneller als Paul.   Die erste Vergleichsstufe nennt man Komparativ.

Nadine läuft am schnellsten.   Die höchste Stufe des Vergleichs nennt man Superlativ.

1 Der Komparativ

Die Adverbien steigern Sie genauso wie die Adjektive (► Nr. 22). Sie stellen plus/aussi/moins vor das Adverb. Das Vergleichswort (im Deutschen „wie" oder „als") ist immer que.

Komparativ:

plus	
aussi	+ Adverb + que
moins	

Paul   Valerie   Laurent   Luc

Luc court	plus vite que	les autres.	… schneller als …
Luc läuft schneller als die anderen.

| Laurent court | aussi vite que | Valérie. | … so schnell wie … |
Laurent läuft genauso schnell wie Valérie.

| Paul court | moins vite que | les autres. | … langsamer als … |
Paul läuft langsamer als die anderen.

Einige Adverbien haben unregelmäßige Komparativformen: beaucoup, peu, bien und mal – viel, wenig, gut und schlecht. (► Nr. 32.3)

Den französischen Komparativ der Unterlegenheit (**moins** + Adverb) übersetzen Sie in unterschiedlicher Weise ins Deutsche:

> Il parle **moins fort** que les autres.   … leiser …
> Er spricht leiser als die anderen.

> Elle s'habille **moins élégamment** que les autres.   … weniger elegant …
> Sie kleidet sich weniger elegant als die anderen.

> Il roule **moins vite** que les autres.   … langsamer …
> Er fährt langsamer als die anderen.

2 Der Superlativ

Der Superlativ ist die höchste Steigerungsform.

Im Französischen können Sie den Superlativ in zwei Richtungen bilden:
le plus + Adverb / **le moins** + Adverb

> Elle court   **le plus vite**   (de tous).   … am schnellsten (von allen).
> Sie läuft am schnellsten (von allen).

> Il court   **le moins vite**   (de tous).   … am langsamsten (von allen).
> Er läuft am langsamsten (von allen).

3 Adverbien mit unregelmäßigen Steigerungsformen

beaucoup	viel	**plus**	mehr	**le plus**	am meisten
peu	wenig	**moins**	weniger	**le moins**	am wenigsten
bien	gut	**mieux**	besser	**le mieux**	am besten
mal	schlecht	plus mal	schlechter	le plus mal	am schlechtesten
	schlimm	**pis**	schlimmer	**le pis**	am schlimmsten

33 Die Stellung der Adverbien

Adverbien können sich beziehen auf:

> Max joue au foot.
> Max spielt Fußball.

> Il joue **souvent**   ein Verb (jouer),
> Er spielt oft

> et il joue **très** bien.   ein Adverb (bien),
> und er spielt sehr gut.

Normalement, il joue trois fois par semaine

einen ganzen Satz (il joue trois fois par semaine),

Normalerweise spielt er dreimal pro Woche

et son équipe est **assez** célèbre.

ein Adjektiv (célèbre).

und seine Mannschaft ist ziemlich bekannt.

Die Stellung der Adverbien hängt von verschiedenen Faktoren ab: vom Bezugswort oder von der Bedeutung des Adverbs. Aber auch die Informationsabfolge, die der Sprecher wählen will, ist für die Adverbien bedeutsam.

1 | Die Stellung des Adverbs bei Adjektiv und Adverb

Adverbien stehen vor den Adjektiven, auf die sie sich beziehen (hier: difficile, grave, intéressant).

une question **assez** difficile — eine ziemlich schwierige Frage
un problème **vraiment** grave — ein wirklich ernstes Problem
un film **peu** intéressant — ein wenig interessanter Film

Adverbien, die sich auf andere Adverbien beziehen, stehen immer vor diesen Adverbien (hier: trop, vite, lentement).

Ils discutent trop.
Sie diskutieren zu viel.

Ils discutent **beaucoup** trop.
Sie diskutieren viel zu viel.

Elle parle vite.
Sie spricht schnell.

Elle parle **très** vite.
Sie spricht sehr schnell.

Il mange lentement.
Er isst langsam.

Il mange **toujours** lentement.
Er isst immer langsam.

2 | Die Stellung der Adverbien beim Verb

Bei einfachen Zeiten (Präsens, *imparfait*) steht das Adverb hinter dem Verb, auf das es sich bezieht.

Elle parle **bien** français. — Sie spricht gut Französisch.
Il allait **souvent** en France. — Er fuhr oft nach Frankreich.

Bei den zusammengesetzten Zeiten stehen die meisten Adverbien zwischen Hilfsverb und Partizip bzw. Infinitiv.

Il a **bien** dormi. — Er hat gut geschlafen.
Elle m'a **souvent** écrit. — Sie hat mir oft geschrieben.
Je vais **bientôt** partir. — Ich werde bald fortgehen.

Längere Adverbien können auch hinter dem Partizip oder dem Infinitiv stehen.

Elle m'a **rarement** <u>appelé</u>.   Sie hat mich selten angerufen.
Oder: Elle m'a <u>appelé</u> **rarement**.
Elle va <u>venir</u> **régulièrement**.   Sie wird regelmäßig kommen.

34 Der Gebrauch einiger Adverbien

1. très und beaucoup

très und **beaucoup** können beide dem deutschen „sehr" entsprechen.

très steht vor:

Elle est **très** grande.   Adjektiven (grande),
Sie ist sehr groß.

Elle écrit **très** bien.   Adverbien (bien),
Sie schreibt sehr gut.

Ils ont **très** faim.   Nomen in Ausdrücken mit **avoir** + Nomen
Sie haben großen Hunger.   (avoir faim/soif/ envie/mal/peur).

beaucoup steht:

Elle aime **beaucoup** la musique classique.   nach Verben (aimer,
Sie mag klassische Musik sehr.   plaire)

Ce CD me plaît **beaucoup**.
Diese CD gefällt mir sehr.

Elle travaille **beaucoup** plus qu'avant.   vor den Adverbien plus,
Sie arbeitet viel mehr als früher.   **mieux**, **moins** und **trop**.

Ce CD me plaît **beaucoup** moins.
Diese CD gefällt mir viel weniger.

⚠ très kann nie vor **beaucoup** stehen. „sehr viel" müssen Sie mit **énormément** übersetzen.

Elle lit **énormément**.
Sie liest sehr viel.

2. aussi und autant

aussi steht vor:

> Elle est **aussi** grande que lui.   Adjektiven (**grande**),
> Sie ist so groß wie er.

> Il parle **aussi** couramment français qu'elle.   Adverbien (**couramment**).
> Er spricht so fließend Französisch wie sie.

autant steht nach:

> Il parle **autant** qu'elle.   Verben (**parler, lire**).
> Er spricht so viel wie sie.

> Elle lit **autant** que moi.
> Sie liest so viel wie ich.

35 Adjektive als Adverbien

Einige Adjektive bilden zusammmen mit Verben feste Wendungen. Diese Adjektive werden dann wie ein Adverb behandelt: Sie sind unveränderlich und stehen hinter dem Verb.

Hier eine Liste von häufig gebrauchten Wendungen:

aller **tout droit**	geradeaus gehen
chanter **juste/faux**	richtig/falsch singen
coûter **cher**	viel kosten
jouer **faux**	falsch spielen
parler **français/allemand**	französisch/deutsch sprechen
parler **fort/bas**	laut/leise sprechen
payer **cher**	teuer bezahlen
penser **juste**	richtig denken
peser **lourd**	schwer sein/wiegen
sentir **bon/mauvais**	gut/schlecht riechen
tenir **bon**	durchhalten
travailler **dur**	schwer arbeiten
voir **clair/double**	klar/doppelt sehen

36 Adverbien als Adjektive

Einige Adverbien (bien, pas mal, mieux) können Sie auch in der Funktion von Adjektiven verwenden.
Diese Adverbien bleiben auch in dieser Funktion immer unveränderlich.

Ce film n'est **pas mal**.	Dieser Film ist nicht schlecht.
Cette chanson est **bien**.	Dieses Lied ist gut.
C'est **mieux**.	Das ist besser.
un type **bien**	ein netter Typ
un endroit **pas mal**	kein schlechter Ort

37 Die Übersetzung deutscher Adverbien

Die deutsche Sprache kennt mehr Adverbien als die französische Sprache. Deshalb gibt es für ein deutsches Adverb nicht immer ein französisches Adverb. In den folgenden Fällen entspricht dem deutschen Adverb ein französisches Verb:

Ich höre gerne Musik.	**J'aime** écouter de la musique.
Sie tanzt lieber.	Elle **préfère** danser. / Elle **aime mieux** danser.
Er macht gerade Hausaufgaben.	Il **est en train de** faire ses devoirs. (▶ NR. 66)
Sie hat gerade gegessen.	Elle **vient de** manger. (▶ NR. 67)
Sie arbeiten weiter.	Ils **continuent** à/de travailler.
Hoffentlich kommt er morgen.	**J'espère** qu'il viendra demain.
Letztendlich hat sie es selbst gemacht.	Elle **a fini par** le faire elle-même.

In den folgenden Fällen entspricht dem deutschen Adverb eine französische Präposition mit Nomen:

Sie lernt mühelos.	Elle apprend **sans peine**.
Wir arbeiten höchstens 7 Stunden.	Nous travaillons 7 heures **au maximum**.
Sie arbeiten mindestens 8 Stunden.	Ils travaillent 8 heures **au minimum**.

Die Pronomen

Pronomen – man sagt auch
Fürwörter – sind Stellver-
treter. Sie stehen für ein
Nomen mit seinen Beglei-
tern und Erweiterungen.

Außer dem Verb kann jedes
dieser Satzteile durch ein
Pronomen ersetzt werden.

Subjekt	Verb	direktes Objekt	indirektes Objekt	Ortsbestimmung
Julie	achète	le journal	pour son mari	au supermarché.
Julie	kauft	die Zeitung	für ihren Mann	im Supermarkt.

Julie	elle	**Elle** achète le journal pour son mari au supermarché.
le journal	le/l'	Julie **l'**achète pour son mari au supermarché.
pour son mari	lui	Julie **lui** achète le journal au supermarché.
au supermarché	y	Julie **y** achète le journal pour son mari.

Im Französischen gibt es:

die Subjektpronomen	je, tu, il, elle, on, nous, vous, ils, elles
die unverbundenen Personalpronomen	moi, toi, lui, elle, nous, vous, eux, elles
die direkten Objektpronomen	me, te, le, la, nous, vous, les
die indirekten Objektpronomen	me, te, lui, nous, vous, leur
die Pronomen	en und y
die Reflexivpronomen	me, te, se, nous, vous, se
die neutralen Pronomen	ça, cela, ceci …
die Relativpronomen	qui, que, dont, où …
die Fragepronomen	qui?, que?, quoi?
die Demonstrativpronomen	celui, celle, ceux, celles
die Possessivpronomen	le mien, le tien …
die unbestimmten Pronomen	tout, quelque chose, chacun …

39 Die Subjektpronomen

Die Subjektpronomen **je, tu, il, elle, on, nous, vous, ils, elles** werden genau wie im Deutschen gebraucht.

Vor einem Vokal oder vor stummem **h** müssen Sie **je** zu **j'** apostrophieren und in der Aussprache das **-s** der Subjektpronomen **nous, vous, ils, elles** mit dem folgenden Verb binden.

Je suis de Paris.	Ich bin aus Paris.
J'ai 30 ans.	Ich bin 30 Jahre alt.
Tu es française?	Bist du Französin?
Il/Elle/On est de Lyon.	Er/Sie ist / Wir sind aus Lyon.
Nous sommes de Lyon.	Wir sind aus Lyon.
Vous_êtes de Marseille?	Seid ihr/Sind Sie aus Marseille?
Ils/Elles sont de Paris.	Sie sind aus Paris.

Unpersönliche Verben haben das Pronomen **il**. In diesem Fall entspricht **il** dem deutschen „es".

Il pleut.	Es regnet.
Il s'agit d'une question importante.	Es handelt sich um eine wichtige Frage.

Im gesprochenen Französisch wird **on** häufig in der Bedeutung von **nous** verwendet. Ob **on** „wir" oder „man" bedeutet, erkennen Sie nur aus dem Gesprächszusammenhang.

D'habitude, en français, on dit on quand on veut dire nous.

Cet été, **on** va aller en France.	Diesen Sommer werden wir nach Frankreich fahren.
C'est un restaurant où **on** mange très bien.	Das ist ein Restaurant, in dem man sehr gut isst.

vous ist zugleich das Personalpronomen für die Höflichkeitsform im Singular und im Plural (Sie) und für die 2. Person Plural (ihr).

Vous êtes satisfaite, Madame?	Sind Sie zufrieden, Madame?
Vous êtes M. et Mme Delveau?	Sind Sie Herr und Frau Delveau?
Vous êtes Stéphanie et Christophe?	Seid ihr Stéphanie und Christophe?

Im Unterschied zum Deutschen gibt es im Französischen eine maskuline und eine feminine Form für die 3. Person Plural (sie).

Voilà **Fabien** et **Pierre**. **Ils** sont étudiants.	Das sind Fabien und Pierre. Sie sind Studenten.
Voilà **Nicole** et **Julia**. **Elles** sont stagiaires.	Das sind Nicole und Julia. Sie sind Praktikantinnen.
Voilà **Stéphanie** et **Christophe**. **Ils** sont de Paris.	Das sind Stéphanie und Christophe. Sie sind aus Paris.

In Aussagesätzen steht das Subjektpronomen vor dem konjugierten Verb.

Ausnahmen:

Entrez, **dit-elle**. Kommt/Kommen Sie herein, sagt sie.	hinter der direkten Rede,
Êtes-vous d'accord? Sind Sie einverstanden?	in der Inversionsfrage (► Nr. 93.3),
Peut-être **voulait-il** venir. Vielleicht wollte er kommen.	wenn Sie einen Satz mit **peut-être**, **sans doute** oder **ainsi** beginnen.

Ein nachgestelltes Subjektpronomen wird mit dem Verb durch einen Bindestrich verbunden.

M. Bertrand, **a-t-il** appelé? Hat Herr Bertrand angerufen?	Endet das Verb auf einen Vokal, schieben Sie zwischen Verb und dem Pronomen der 3. Person Singular noch ein -t- ein. Damit lässt sich der Satz besser aussprechen.

40 Die unverbundenen Personalpronomen

Nur die unverbundenen Personalpronomen **moi, toi, lui, eux** unterscheiden sich von den verbundenen Formen der Subjektpronomen. Die anderen Formen sind gleich.

Singular		Plural	
moi	(ich)	nous	(wir)
toi	(du)	vous	(ihr/Sie)
lui, elle	(er, sie)	eux, elles	(sie)

Im Französischen verwenden Sie die unverbundenen Personalpronomen:

- **Qui peut m'aider?**
  Wer kann mir helfen?
- **– Moi.**
  Ich.

in Sätzen ohne Verb,

Pour lui, ce n'est pas un problème.
Für ihn ist das kein Problem.

nach Präpositionen, z.B.:
sans, pour, avec usw.,

- **C'est Mme Charvet sur la photo?**
  Ist das Frau Charvet auf dem Foto?
- **– Oui, c'est elle.**
  Ja, das ist sie.

nach c'est

- **Ce sont M. et Mme Charvet sur la photo?**
  Sind das Herr und Frau Charvet auf dem Foto?
- **– Oui, ce sont eux.**
  Ja, das sind sie.

und ce sont,

Mme Bertrand travaille plus vite que lui.
Frau Bertrand arbeitet schneller als er.
Il n'y a que lui qui travaille plus vite que moi.
Nur er arbeitet schneller als ich.

in Vergleichssätzen und nach ne … que,

Moi, je voudrais un thé.
Ich hätte gerne einen Tee.
Nous, on va partir en vacances.
Wir werden in die Ferien fahren.

zur Hervorhebung: in diesem Fall verstärkt das unverbundene Personalpronomen ein Subjekt (moi, je; nous, on) oder

Moi, j'aime peindre.

Ich *male liebend gern.*

Moi, je trouve ça nul.

Ich *finde das doof.*

- Tu as vu les enfants?
  Hast du die Kinder gesehen?
- **Eux**, je **les** ai vus hier.
  Ich habe sie gestern gesehen.

ein direktes Objekt (**eux, les; elle, l'**),

Mais Isabelle, **elle**, je ne **l'**ai pas vue depuis un mois.
Aber Isabelle, sie habe ich seit einem Monat nicht gesehen.

- Ce stylo est **à toi**?
  Gehört der Kuli dir?
- Oui, il est **à moi**.
  Ja, er gehört mir.

nach der Präposition **à** zum Ausdruck der Zugehörigkeit.

Die unverbundenen Personalpronomen können durch **même** verstärkt werden. **même** ist im Plural veränderlich.

Tu as fait ça **toi-même**?   Hast du das selbst (allein) getan?
Elles viennent **elles-mêmes**.   Sie kommen selbst.

41 Die Objektpronomen

Die Objektpronomen können Sie verwenden, um Objekte zu ersetzen. Sie können damit auf Personen oder Sachen verweisen, von denen schon einmal die Rede war und somit Wiederholungen vermeiden.

- Hast du Jürgen gesehen?
- Hast du Heike geholfen?

- Ja, ich habe ihn gesehen.
- Ja, ich habe ihr geholfen.

(Direkte und indirekte Objekte ► NR. 90.1-2)

1 | Die direkten Objektpronomen

Ein direktes Objekt können Sie durch ein Pronomen ersetzen. Die Pronomen, die Sie dafür verwenden, heißen direkte Objektpronomen.

Luc versteht mich nicht.	Luc ne	**me**	comprend pas.	mich
Jacques ruft mich dreimal am Tag an.	Jacques	**m'**	appelle trois fois par jour.	mich
Louis sucht dich.	Louis	**te**	cherche.	dich
Er lädt dich ein.	Il	**t'**	invite.	dich
• Vous connaissez le directeur? Kennen Sie den Direktor? Ja, ich kenne ihn.	– Oui, je	**le**	connais.	ihn
• Tu cherches ton livre? Suchst du dein Buch? Nein, ich habe es gefunden.	– Non, je	**l'**	ai trouvé.	es
• Tu connais sa femme? Kennst du seine Frau? Ja, ich kenne sie.	– Oui, je	**la**	connais.	sie
• Ce CD me plaît beaucoup. Diese CD gefällt mir sehr. Ich werde sie kaufen.	– Je vais	**l'**	acheter.	sie
Pierre ruft uns jeden Tag an.	Pierre	**nous**	appelle tous les jours.	uns
Ich rufe euch/Sie morgen an.	Je	**vous**	appelle demain.	euch
• Voilà David et Georges. Das sind David und Georges. Kennst du sie?	– Tu	**les**	connais?	sie
• Voilà Catherine et Michelle. Das sind Catherine und Michelle. Kennt ihr/Kennen Sie sie?	– Vous	**les**	connaissez?	sie

Vor Vokal oder stummem h werden **me, te, le/la** zu **m', t', l'** apostrophiert.

le oder **l'** steht für ein maskulines direktes Objekt in der 3. Person Singular.

la oder **l'** steht für ein feminines direktes Objekt in der 3. Person Singular.

les steht für ein maskulines oder feminines direktes Objekt in der 3. Person Plural.

(Stellung der direkten Objektpronomen im Satz ► NR. 45)

2 | Die indirekten Objektpronomen

Vor Vokal und stummem h werden **me** und **te** zu **m'** und **t'** apostrophiert.
Für die 3. Person Singular (im Deutschen „ihm/ihr") gibt es im Französischen nur eine Form: **lui**.

Ich habe mir eine Hi-Fi-Anlage gekauft.	Je	**me**	suis acheté une chaîne hifi.	mir
Meine Kinder haben mir ein Handy gekauft.	Mes enfants	**m'**	ont acheté un portable.	mir
Ich zeige dir die Pläne,	Je	**te**	montre les plans,	dir
und ich erkläre dir alles.	et je	**t'**	explique tout.	dir
Die Kollegen von Sylvie schenken ihr ein Poster.	Les collègues de Sylvie	**lui**	offrent un poster.	ihr
Die Großmutter von Leo kauft ihm oft Bonbons.	La grand-mère de Leo	**lui**	achète souvent des bonbons.	ihm
Unsere Freunde schreiben uns oft.	Nos copains	**nous**	écrivent souvent.	uns
Haben euch/Ihnen eure/Ihre Freunde ihre Wohnung überlassen?	Vos amis	**vous**	ont prêté leur appartement?	euch
Ihr Großvater gibt ihnen Geld für die Ferien.	Leur grand-père	**leur**	donne de l'argent pour les vacances.	ihnen

(Stellung der indirekten Objektpronomen im Satz ► NR. 45)

42 Das Pronomen *en*

Das Pronomen **en** vertritt Ergänzungen, die mit **de** eingeleitet werden. Das können sein:

- Tu as encore **du lait**?
  Hast du noch Milch?
- Oui, j'**en** ai encore.
  Ja, habe ich.

unbestimmte Mengen, die mit dem Teilungsartikel angegeben werden;

- À quelle heure est-ce qu'elle sort **de la piscine**?
  Wann verlässt sie das Schwimmbad?
- Elle **en** sort à 17 heures.
  Sie verlässt es um 17 Uhr.

Ortsangaben, die mit **de** eingeleitet werden;

- Tu as besoin **de ta voiture**?
  Brauchst du dein Auto?
- Non, je n'**en** ai pas besoin.
  Nein, ich brauche es nicht.

Sachobjekte, vor denen **de** steht.

- Il a parlé **de Charlotte**?
  Hat er von Charlotte gesprochen?
- Oui, il **en** a parlé.
  Ja, hat er.

Nur im gesprochenen Französisch wird **en** auch für Personen verwendet.

Da das Pronomen **en** nur für eine unbestimmte Menge steht, wird es häufig ergänzt:

- Tu as acheté **des pommes**?
  Hast du Äpfel gekauft?
- Oui, j'**en** ai acheté **5 kilos**.
  Ja, ich habe 5 Kilo gekauft.

mit Zahlwörtern und anderen Mengenausdrücken.

- Est-ce que vous prenez **du sucre**?
  Nehmt ihr/Nehmen Sie Zucker?
- J'**en** prends **un peu**.
  Ich nehme ein bisschen.

- Vous avez **des pommes**?
  Habt ihr/Haben Sie Äpfel?
- Oui, on **en** a **de très belles**.
  Ja, wir haben sehr schöne.

Sie können **en** aber auch in Verbindung mit Adjektiven (belles) verwenden.

43 Das Pronomen *y*

y vertritt Ortsangaben, die mit à, dans, devant, derrière, chez, sur, sous, jusqu'à eingeleitet werden.

- On va **au cinéma**?   Gehen wir ins Kino?   … dorthin …
- D'accord, on **y** va.   Einverstanden, wir gehen (dorthin).

- Vous m'attendez **devant la gare**?   Warten Sie am Bahnhof auf mich?   … dort …
- Oui, je vous **y** attends.   Ja, ich warte dort auf Sie.

*Tu veux rentrer chez ta mère? Alors, vas-y!

*Du willst zu deiner Mutter? Dann geh (dorthin)!

y kann auch indirekte Sachobjekte vertreten. Es steht nicht für Personen.

- Tu as pensé **au cadeau d'Hélène**?   Hast du an Helenes Geschenk gedacht?   … daran …
- Oui, j'**y** ai pensé.   Ja, ich habe daran gedacht.

- Tu as réfléchi **à ma proposition**?   Hast du über meinen Vorschlag nachgedacht?   … darüber …
- Oui, j'**y** ai réfléchi.   Ja, ich habe darüber nachgedacht.

y wird unterschiedlich ins Deutsche übersetzt.

44 Die Reflexivpronomen

1 Formen der Reflexivpronomen

Reflexive Verben gibt es auch im Deutschen: sich anziehen – s'habiller. Reflexive Verben werden stets von einem Objektpronomen begleitet, das in der selben Person steht wie das Subjekt und Reflexivpronomen genannt wird: Ich ziehe mich an. **Je m'**habille.

Die Reflexivpronomen unterscheiden sich nur in der 3. Person (Singular und Plural) von den direkten Objektpronomen.

me, te, se werden vor Vokal und stummem h zu m', t', s' verkürzt.

Je	**me**	promène.	Ich gehe spazieren.
Tu	**te**	promènes avec moi?	Gehst du mit mir spazieren?
Il	**s'**	habille.	Er zieht sich an.
Elle	**se**	moque de lui.	Sie macht sich lustig über ihn.
Nous	**nous**	baignons.	Wir baden.
Vous	**vous**	amusez bien?	Amüsiert ihr euch/ Amüsieren Sie sich gut?
Ils	**se**	promènent.	Sie gehen spazieren.

Nicht jedes Verb, das im Französischen reflexiv ist, ist es im Deutschen auch – und umgekehrt.

s'appeler   heißen   sich bewegen   **bouger**
se promener   spazierengehen   sich verändern   **changer**

2   Die Stellung der Reflexivpronomen

Das Reflexivpronomen steht:

elle **se** promène
sie geht spazieren
elle **se** promenait
sie ging spazieren
en **se** promenant
spazieren gehend/beim Spazierengehen

bei einfachen Zeiten und dem *gérondif* vor dem Verb,

il va **se** promener
er wird spazieren gehen
il vient de **se** lever
er ist gerade aufgestanden
il est en train de **se** lever
er steht gerade auf

im *futur composé*, *passé récent* und *présent duratif* vor dem Infinitiv,

elle **s'est** promenée
sie ist spazieren gegangen

Préparez-**vous**.
Bereitet euch/Bereiten Sie sich vor.
Promène-**toi**.
Geh spazieren.

bei allen anderen zusammenge-
setzten Zeiten vor dem Hilfsverb,

beim bejahten Imperativ mit
Bindestrich hinter dem Verb
(beim bejahten Imperativ wird
te zu **toi**),

Ne **te** promène pas.
Geh nicht spazieren.

beim verneinten Imperativ vor
dem Verb.

Te souviens-tu de ce soir?
Erinnerst du dich an diesen Abend?

In der Inversion tritt nur das
Subjektpronomen (hier: **tu**) hinter
das Verb. Das Reflexivpronomen
behält seine Stellung vor dem
Verb bei.

45 Die Stellung von Pronomen im Satz

1 Die Stellung der Objektpronomen und der Pronomen *en* und *y* im Satz

Die Objektpronomen stehen:

Mes clés? Je **les** cherche mais je ne
les trouve pas.
Meine Schlüssel? Ich suche sie, aber ich
finde sie nicht.

in den einfachen Zeiten (z.B.
Präsens, *imparfait*, *futur simple*)
vor dem konjugierten Verb und
innerhalb der Verneinungs-
klammer,

Leur fille **leur** téléphone mais elle ne
leur écrit jamais.
Ihre Tochter ruft sie an, aber sie schreibt
ihnen nie.

J'**y** vais ou je n'**y** vais pas?
Gehe ich hin oder gehe ich nicht hin?

Elle **se** baigne souvent dans la mer
mais elle ne **se** baigne jamais dans la
piscine.
Sie badet oft im Meer, aber sie badet nie
im Schwimmbad.

Les clés? Il **les** a cherchées mais il ne **les** a pas trouvées.

Die Schlüssel? Er hat sie gesucht, aber er hat sie nicht gefunden.

Je **leur** ai téléphoné hier mais je ne **leur** ai toujours pas écrit.

Ich habe sie gestern angerufen, aber habe ihnen immer noch nicht geschrieben.

J'**en** ai rêvé mais je n'**en** ai jamais parlé à personne.

Ich habe davon geträumt, aber ich habe niemals jemandem davon erzählt.

Elle **s'est** baignée dans la mer mais elle ne **s'est** pas encore baignée dans la piscine.

Sie hat im Meer gebadet, aber sie hat noch nicht im Schwimmbad gebadet.

in den zusammengesetzten Zeiten (z.B. *passé composé*, Plusquamperfekt) vor dem Hilfsverb und innerhalb der Verneinungsklammer,

Il va **les** chercher mais il ne va pas **les** trouver.

Er wird sie suchen, aber er wird sie nicht finden.

Je vais **leur** écrire mais je ne vais pas **leur** téléphoner.

Ich werde ihnen schreiben, aber ich werde sie nicht anrufen.

Je vais **y** réfléchir mais je ne veux pas **en** parler.

Ich werde darüber nachdenken, aber ich will nicht davon sprechen.

Elle veut **se** promener à la plage mais elle ne veut pas **se** baigner.

Sie will am Strand spazieren gehen, aber sie möchte nicht baden.

im *futur composé* und bei Modalverben vor dem Infinitiv, zu dem sie gehören, und außerhalb der Verneinungsklammer.

Im bejahten Imperativsatz steht das Objektpronomen hinter dem Verb und wird mit Bindestrich an das Verb angeschlossen.

Im bejahten Imperativsatz werden **me** und **te** zu **moi** und **toi**.

Im verneinten Imperativsatz steht das Objektpronomen vor dem Verb und innerhalb der Verneinungsklammer.

Regarde-moi.
Sieh mich an.

Ne me regarde pas.
Sieh mich nicht an.

Ne me regarde pas!

Regarde-toi.	Ne te regarde pas.
Sieh dich an.	Sieh dich nicht an.
Regarde-le.	Ne le regarde pas.
Sieh ihn an.	Sieh ihn nicht an.
Raconte-nous tout.	Ne nous raconte pas tout.
Erzähl uns alles.	Erzähl uns nicht alles.
Montre-leur tout.	Ne leur montre pas tout.
Zeig ihnen alles.	Zeig ihnen nicht alles.

Bei Verben, die eine Infinitivergänzung haben, steht das Objektpronomen immer vor dem Verb, zu dem es sinngemäß gehört.

Je félicite **Sophie** d'avoir gagné le concours.
Ich gratuliere Sophie zur bestandenen Aufnahmeprüfung.

Je **la** félicite d'avoir gagné le concours.
Ich gratuliere ihr zur bestandenen Aufnahmeprüfung.

Il m'a aidé à retrouver **ma clé**.
Er hat mir geholfen, meinen Schlüssel wieder zu finden.

Il m'a aidé à **la** retrouver.
Er hat mir geholfen, ihn wieder zu finden.

2 | Die Stellung von zwei Objektpronomen im Satz

In einem Satz können auch zwei Objekte durch Pronomen ersetzt werden:
„Ich schenke es ihm."
Für die Reihenfolge der Pronomen gibt es im Französischen – wie im
Deutschen – feste Stellungsregeln.

Die indirekten Objektpronomen **me, te, se, nous, vous** stehen immer vor den
direkten Objektpronomen **le, la, les.**

	ind. Obj.		dir. Obj.		
	me	(mir)			
Il	**te**	(dir)	**le**	(ihn/es)	montre.
	nous	(uns)	**la**	(sie)	
	vous	(euch/Ihnen)	**les**	(sie)	
Ne	**me**	(mir)	**le**	(ihn/es)	montre pas.

Die indirekten Objektpronomen **lui** und **leur** stehen immer hinter **le, la, les.**

	dir. Obj.		ind. Obj.		
	le	(ihn/es)			
Il	**la**	(sie)	**lui**	(ihm/ihr)	montre.
	les	(sie)	**leur**	(ihnen)	
Ne	**le**	(ihn/es)	**lui**	(ihm/ihr)	montre pas.

Die Pronomen **y** und **en** stehen immer direkt vor dem Verb, also hinter allen
anderen Pronomen. **en** steht immer an letzter Stelle.

Je	**les**	**y**	rencontre.	Ich treffe sie dort.
Il	**les**	**y**	emmène.	Er bringt sie dorthin.
Elle	**t'**	**en**	donnera.	Sie gibt dir davon etwas.
Je ne	**vous**	**en**	parlerai plus.	Ich erzähle euch/Ihnen nicht mehr davon.
Il	**y**	**en**	a beaucoup.	Es gibt davon viel.

⚠️

me		le	Aber:	le		lui
te	stehen	la		la	stehen	
se	vor	les		les	vor	leur
nous						
vous						

Hinter dem bejahten Imperativ stehen zuerst die direkten Objektpronomen le, la, les. Die indirekten Objektpronomen me und te werden zu moi und toi.

Montre-le-moi.	Zeig es mir.
Donne-la-leur.	Gib sie ihnen.
Prête-les-nous.	Leih sie uns.

46 Die neutralen Pronomen

Neutrale Pronomen beziehen sich nicht auf Personen oder Gegenstände, sondern auf Sachverhalte.

Das gefällt mir nicht.   Es ist gut so.

Im Französischen gibt es die neutralen Pronomen il, ce, cela, ceci, ça, le und soi.

Il pleut.	Es regnet.	Die neutralen Pronomen il
Il est deux heures.	Es ist zwei Uhr.	und ce sind immer Subjekt
C'est vrai.	Das ist wahr.	des Satzes.
C'est impossible.	Das ist unmöglich.	
Cela/Ça t'étonne?	Erstaunt dich das?	Die neutralen Pronomen
Tu as vu ça?	Hast du das gesehen?	cela und ça können Subjekt und Objekt eines Satzes sein.
Cela me plaît, ceci non.	Das gefällt mir, dies nicht.	ceci dient der Gegenüberstellung.
• Céline est malade.	Céline ist krank.	le steht für einen ganzen
– Je le sais.	Ich weiß es.	Satz. Es entspricht dem deutschen „es" und ist immer direktes Objekt.
Chacun pour soi.	Jeder für sich.	soi bezieht sich auf ein
On pense toujours à soi d'abord.	Man denkt immer zuerst an sich.	unbestimmtes Subjekt im Singular (on, chacun, usw.).
Être seul avec soi.	Mit sich allein sein.	
Avoir de la monnaie sur soi.	Kleingeld bei sich haben.	
Prendre sur soi.	Auf sich nehmen.	

47 Die Relativpronomen

Relativpronomen stehen für Personen oder
Sachen und können Sätze miteinander verbinden.

J'ai regardé un film.
Il était très intéressant.
Ich habe einen Film gesehen.
Er war sehr interessant.

J'ai regardé un film **qui** était
très intéressant.
Ich habe einen Film gesehen,
der sehr interessant war.

*J'ai un copain qui a une copine que je connais bien dont le fils travaille dans un bureau où j'ai travaillé il y a deux ans …

* *Ich habe einen Freund, der eine Freundin hat, die ich gut kenne, dessen Sohn in einem Büro arbeitet, in dem ich vor zwei Jahren gearbeitet habe …*

1. qui und que

Das Relativpronomen **qui** ist Subjekt des Relativsatzes. Nach dem Subjekt fragen
Sie mit „wer?" oder „was?". Auf **qui** folgt meist das Verb des Relativsatzes.
qui ist unveränderlich.

> Manuel est un jeune homme de 21 ans. Il travaille dans un hôtel.
> Manuel ist ein junger Mann von 21 Jahren. Er arbeitet in einem Hotel.
> Manuel est un jeune homme de 21 ans **qui** travaille dans un hôtel.
> Manuel ist ein junger Mann von 21 Jahren, der in einem Hotel arbeitet.

> Il travaille dans un hôtel. Cet hôtel est à Paris.
> Er arbeitet in einem Hotel. Dieses Hotel ist in Paris.
> Il travaille dans un hôtel **qui** est à Paris.
> Er arbeitet in einem Hotel, das in Paris ist.

Das Relativpronomen **que** ist direktes Objekt des Relativsatzes. Nach dem
Objekt fragen Sie mit „wen?" oder „was?". Auf **que** folgt immer das Subjekt des
Relativsatzes. Auch **que** ist unveränderlich.

> Paris est une ville intéressante. Beaucoup de touristes visitent cette ville.
> Paris ist eine interessante Stadt. Viele Touristen besuchen diese Stadt.
> Paris est une ville intéressante **que** beaucoup de touristes visitent.
> Paris ist eine interessante Stadt, die viele Touristen besuchen.

Voilà un livre amusant. Vous ne connaissez pas encore ce livre.

Hier ist ein lustiges Buch. Sie kennen dieses Buch noch nicht.

Voilà un livre amusant **que** vous ne connaissez pas encore.

Hier ist ein lustiges Buch, das Sie noch nicht kennen.

Wenn **qui** für eine Person steht, können Sie es auch mit Präpositionen (z. B. **à**, **avec**, **de** usw.) verwenden.

Le monsieur **à qui** j'ai parlé au téléphone …

Der Herr, mit dem ich am Telefon gesprochen habe…

Le garçon **avec qui** j'ai dansé …

Der Junge, mit dem ich getanzt habe…

2. où

où folgt immer auf das Nomen, auf das es sich bezieht. **où** kann für Orts- oder Zeitangaben stehen.

Le bureau **où** je travaille se trouve près de la gare.

Das Büro, wo ich arbeite, befindet sich in der Nähe des Bahnhofs.

L'année **où** j'ai commencé à travailler …

Das Jahr, in dem ich angefangen habe zu arbeiten …

où ist unveränderlich. Sie können es aber mit den Präpositionen **de**, **par** und **jusque** kombinieren.

Le pays **d'où** il vient.

Das Land, aus dem er kommt.

L'endroit **jusqu'où** il m'a accompagné …

Der Ort, bis wohin er mich begleitet hat …

Les villes **par où** il est passé …

Die Städte, durch die er gekommen ist …

⚠️ **où** (wo) ist wie im Deutschen gleichzeitig Relativ- und Fragepronomen.
où wo / **ou** oder

Die beiden unterscheiden sich nur durch den **accent grave** auf **où** (wo), was Sie sich gut mit einem kleinen Sprüchlein merken können: „Auf der Oder schwimmt kein Graf".

3. dont

Das Relativpronomen **dont** können Sie für Personen und Sachen verwenden.
dont ist unveränderlich.

> Je t'ai parlé d'un village. Il est très joli.
> Ich habe dir von einem Dorf erzählt. Es ist sehr schön.

> Le village **dont** je t'ai parlé est très joli.
> Das Dorf, **von dem** ich dir erzählt habe, ist sehr schön.

> Le fils de M. Lacombe fait ses études ici. M. Lacombe va venir.
> Der Sohn von Herrn Lacombe studiert hier. Herr Lacombe wird kommen.

> M. Lacombe, **dont** le fils fait ses études ici, va venir.
> Herr Lacombe, **dessen** Sohn hier studiert, wird kommen.

> M. Bonnard a besoin des dossiers. Mme Lafarge a apporté les dossiers.
> Herr Bonnard benötigt Akten. Frau Lafarge hat die Akten mitgebracht.

> Mme Lafarge a apporté les dossiers **dont** M. Bonnard a besoin.
> Frau Lafarge hat die Akten mitgebracht, **die** Herr Bonnard braucht.

dont steht immer für Ergänzungen mit **de**. Das kann die Ergänzung eines Nomens sein:

> Le fils **de** M. Lacombe …   M. Lacombe, **dont** le fils …
> Der Sohn von Herrn Lacombe …   Herr Lacombe, dessen Sohn …

> La femme **de** mon collègue …   Mon collègue, **dont** la femme …
> Die Frau von meinem Kollegen …   Mein Kollege, dessen Frau …

Es kann aber auch die **de**-Ergänzung eines Verbs oder eines anderen Ausdrucks sein:

avoir besoin **de** benötigen/brauchen	Marc a besoin **de** ces livres … Mark braucht diese Bücher …	Ces livres **dont** Marc a besoin … Diese Bücher, die Marc benötigt …
parler **de** sprechen von	On ne parle pas **de** cette musique … Wir sprechen nicht von dieser Musik …	Cette musique **dont** on ne parle pas … Diese Musik, von der wir nicht sprechen …

Oder auch die Ergänzung eines Adjektivs:

être content **de** mit etwas zufrieden sein/sich über etwas freuen	Elle est très contente **de** cette maison. Sie freut sich sehr über dieses Haus.	Cette maison **dont** elle est très contente … Dieses Haus, über das sie sich sehr freut …

Da **dont** ganz allgemein Ergänzungen mit **de** vertritt, wird es sehr unterschied-
lich ins Deutsche übersetzt, meistens mit:

M. Lacombe, **dont** le fils …	Herr Lacombe, **dessen** Sohn …
Madeleine, **dont** la maison …	Madeleine, **deren** Haus …
Mon collègue, **dont** je t'ai parlé …	Mein Kollege, **von dem** ich dir erzählt habe …

Aber auch mit:

les papiers **dont** il a besoin	die Papiere, **die** er braucht
l'enfant **dont** il s'occupe	das Kind, **um das** er sich kümmert
les idées **dont** on discute	die Ideen, **über die** man diskutiert

 venir **de** – la ville **d'où** il vient (die Stadt, aus der er kommt)
dont kann keine Ortsangabe vertreten.
Für Ortsangaben müssen Sie **où** (+ Präposition) verwenden.

4. ce qui und ce que

Für das deutsche Relativpronomen „was" gibt es im Französischen zwei Aus-
drücke: **ce qui** und **ce que**.

ce qui ist das Subjekt des Relativsatzes. Auf **ce qui** folgt das Verb des Relativsatzes.

Elle m'a expliqué **ce qui** s'est passé.	Sie hat mir erklärt, **was** passiert ist.

ce que ist das direkte Objekt des Relativsatzes. Auf **ce que** folgt das Subjekt des
Relativsatzes. Vor Vokal wird **ce que** zu **ce qu'** verkürzt.

Montrez-moi **ce que** vous avez préparé.	Zeigen Sie mir, **was** Sie/ihr vorbereitet haben/habt.
Je t'explique **ce qu'**il faut faire.	Ich erkläre dir, **was** man tun muss.

Wenn das Verb des Hauptsatzes eine à- oder de-Ergänzung hat, steht diese vor ce que.

Elle se souvient **de ce qu**'elle a dit hier.	Sie erinnert sich daran, was sie gestern gesagt hat.
Je pense **à ce que** vous m'avez écrit …	Ich denke an das, was sie mir geschrieben haben …

5. lequel

Das Relativpronomen **lequel** gleichen Sie in Geschlecht und Zahl an das Nomen an, zu dem es gehört.

	maskulin	feminin
Singular	lequel	laquelle
Plural	lesquels	lesquelles

lequel, lesquels und lesquelles werden mit den Präpositionen à und de zusammengezogen.

	maskulin	feminin
Singular	auquel	à laquelle
	duquel	de laquelle
Plural	auxquels	auxquelles
	desquels	desquelles

lequel wird vor allem dann verwendet, wenn das Bezugswort eine Sache ist. Es wird mit Präpositionen und präpositionalen Ausdrücken verwendet.

Le magazine **dans lequel** j'ai trouvé cet article …
Die Zeitschrift, **in der** ich diesen Artikel gefunden habe …

La raison **pour laquelle** elle est venue …
Der Grund, **weswegen** sie gekommen ist …

L'église **à côté de laquelle** j'ai habité …
Die Kirche, **neben der** ich gewohnt habe …

Ist das Bezugswort eine Person, verwenden Sie eine Präposition + qui.

> La jeune fille à qui je viens de parler, c'est Juliette.
> Das Mädchen, mit dem ich gerade gesprochen habe, ist Juliette.

> C'est le type pour qui j'ai travaillé.
> Das ist der Typ, für den ich gearbeitet habe.

lequel mit Personen verwenden Sie nur dann, wenn qui in diesem Fall doppeldeutig wäre (avec qui könnte sich in diesem Satz sowohl auf la femme als auch auf Patrick beziehen).

> J'ai rencontré la femme de Patrick avec laquelle j'avais fait un stage.
> Ich habe die Frau von Patrick getroffen, mit der ich ein Praktikum gemacht hatte.

48 Die Fragepronomen

1 Fragen nach Personen

> Qui a écrit ce livre?
> Qui est-ce qui a écrit ce livre?   Wer hat das Buch geschrieben?

> Qui a-t-elle rencontré à Paris?
> Qui est-ce qu'elle a rencontré à Paris?   Wen hat sie in Paris getroffen?

qui kann Subjekt oder Objekt des Fragesatzes sein.

⚠ Qui est-ce qui …?   Wer …?
Qui est-ce que …?   Wen …?

(Die Frage mit est-ce que ► NR. 93.2)

qui und qui est-ce que können Sie zusammen mit Präpositionen verwenden.

> De qui parles-tu?
> De qui est-ce que tu parles?   Von wem sprichst du?

> À qui pensez-vous?
> À qui est-ce que vous pensez?   An wen denken Sie/denkt ihr?

> Pour qui est-ce?
> Pour qui est-ce que c'est?   Für wen ist das?

2 | Fragen nach Sachen

Qu'est-ce qui se passe ici?   Was geht hier vor?

Qu'est-ce qui ist immer Subjekt des Fragesatzes.

Qu'est-ce que tu fais? / **Que** fais-tu?   Was machst du?

Qu'est-ce que, que und quoi sind Objekte des Fragesatzes.

Tu fais **quoi**?   Was machst du?

quoi steht am Satzende. Die Frage mit quoi ist umgangssprachlich.

De quoi …?   Von was / Worum …?
À quoi …?   Woran/Wozu …?
Avec quoi …?   Womit …?
Sur quoi …?   Über was / Worüber …?

In Verbindung mit Präpositionen verwenden Sie quoi (nicht que).

49 | Das Demonstrativpronomen

Das französische Demonstrativpronomen hat vier Formen:
celui, celle, ceux, celles.

J'aime bien ce t-shirt à 25 euros.

25 €

Moi, je préfère *celui* à 50 euros.

50 €

· Ich mag dieses T-shirt für 25 Euro.   – Ich mag lieber das für 50 Euro.

- ● Est-ce que cette robe te plaît?   Gefällt dir dieses Kleid?
- ▬ **Celle**-là? Non, pas du tout.   Dieses da? Nein, überhaupt nicht.

- ● Est-ce que ce sont tes livres?   Sind das deine Bücher?
- ▬ Non, ce sont **ceux** de ma sœur.   Nein, das sind die von meiner Schwester.

- ● J'aime bien tes photos.   Ich mag deine Fotos.
- ▬ Je préfère **celles** que mon frère a prises.   Ich finde die, die mein Bruder gemacht hat, besser.

Im Unterschied zum deutschen Demonstrativpronomen „dieser/diese" können
celui, celle, ceux, celles nicht alleine stehen. Die französischen Demonstrativ-
pronomen stehen immer zusammen mit:

> Celui-**ci** ou celui-**là**?   -ci oder -là,
> Dieser (hier) oder dieser (dort)?

> ceux **de** ma sœur   einer Ergänzung mit Präposition,
> die von meiner Schwester
> celui **à** 50 euros
> das zu 50 Euro

> celles **que mon frère a prises**   oder einem Relativsatz.
> die mein Bruder gemacht hat

50 Die Possessivpronomen

Die französischen Possessivpronomen stehen immer mit dem bestimmten Artikel.

Singular		Plural	
Maskulinum	Femininum	Maskulinum	Femininum
le mien	la mienne	les miens	les miennes
le tien	la tienne	les tiens	les tiennes
le sien	la sienne	les siens	les siennes
le nôtre	la nôtre	les nôtres	
le vôtre	la vôtre	les vôtres	
le leur	la leur	les leurs	

Das Possessivpronomen richtet sich in Geschlecht und Zahl nach dem Nomen,
das es vertritt.

> Vous me prêtez **un stylo**, s'il vous plaît? J'ai oublié **le mien**.
> Leihen Sie mir **einen Füller**, bitte? Ich habe **meinen** vergessen.

> **La voiture** de ma femme est meilleure. **La mienne** est déjà trop vieille.
> **Das Auto** meiner Frau ist besser. **Meins** ist schon zu alt.

Eh! C'est ma voiture!

Maintenant, c'est la mienne!

Anders als im Deutschen können im Französischen nicht zwei Possessivbegleiter vor einem Nomen stehen.

C'est ton verre ou le mien?
Ist das dein oder mein Glas?

· Das ist mein Auto! – Jetzt ist es meins!

51 Unbestimmte Pronomen

Im Französischen wie im Deutschen gibt es eine Reihe von unbestimmten Pronomen, die Sie für nicht näher bestimmte Personen oder Sachen verwenden können.

1. tout le monde

tout le monde bedeutet „alle" oder „jeder". **tout le monde** kann Subjekt oder Objekt des Satzes sein. Es kann mit oder ohne Präposition verwendet werden. Nach **tout le monde** steht das Verb immer im Singular.

Tout le monde le connaît. Jeder kennt ihn. / Alle kennen ihn.
Il s'adresse à tout le monde. Er wendet sich an alle.

2. tout

tout ist unveränderlich, es kann Subjekt und Objekt des Satzes sein.

Tout est intéressant. Alles ist interessant.
C'est tout. Das ist alles.

J'ai tout vu!

In den zusammengesetzten Zeiten steht **tout** vor dem Partizip und außerhalb der Verneinungsklammer.

J'ai tout vu. Ich habe alles gesehen.
Je n'ai pas tout vu. Ich habe nicht alles gesehen.

3. chacun/chacune

chacun/e bezeichnet jede/n Einzelne/n aus einer Gruppe.

J'ai beaucoup d'amies.   Ich habe viele Freundinnen.
Chacune m'a apporté un cadeau.   Jede hat mir ein Geschenk
     mitgebracht.

chacun wird häufig mit einer de-Ergänzung verwendet.

J'ai fait des photocopies **pour**   Ich habe für jeden von Ihnen/
chacun de vous.   euch Kopien gemacht.

4. tous/toutes

tous steht für maskuline Personen oder Sachen im Plural.

- Tu as lu les policiers de   Hast du die Krimis von
  Fred Vargas?   Fred Vargas gelesen?
- Oui, **tous** sont très intéressants. /   Ja, alle sind sehr interessant. /
  Ils sont **tous** très intéressants.   Sie sind alle sehr interessant.

toutes steht für feminine Personen oder Sachen im Plural.

- Tu connais les B.D. de   Kennst du die Comics von
  Claire Bretécher?   Claire Bretécher?
- Oui, je les connais **toutes**.   Ja, ich kenne sie alle.

tous/toutes kann sowohl Subjekt als Objekt des Satzes sein. tous/toutes als
direktes Objekt steht immer zusammen mit dem Objektpronomen les.

Tous sont intéressants.   Alle sind interessant.
Je **les** connais **toutes**.   Ich kenne (sie) alle.

5. quelqu'un

quelqu'un kann Subjekt, direktes und indirektes Objekt des Satzes sein.
Es ist unveränderlich.

Quelqu'un a appelé.   Jemand hat angerufen.

Tu as vu **quelqu'un**?   Hast du jemanden gesehen?
Tu as parlé à **quelqu'un**?   Hast du mit jemandem
     gesprochen?

⚠ quelqu'un   jemand
ne ... personne / personne ne ...   niemand (► NR. 78)

6. quelques-uns/unes

quelques-uns/unes gleicht sich im Geschlecht dem Nomen an, das es vertritt.
Es kann Subjekt oder Objekt des Satzes sein.

- Tu as vu ses photos?   Hast du seine/ihre Fotos gesehen?
- Oui, quelques-unes sont très   Ja, einige sind sehr interessant.
  intéressantes.

- Tu connais les films de Truffaut?   Kennst du die Filme von Truffaut?
- Oui, j'ai vu quelques-uns de ses   Ja, ich habe einige seiner Filme
  films deux ou trois fois.   zwei- oder dreimal gesehen.

⚠ quelques-uns/unes   einige
  aucun/e ne … / ne … aucun/e   keine
  (► NR. 78)

7. quelque chose

quelque chose kann Subjekt, direktes oder indirektes Objekt des Satzes sein.

Quelque chose m'a réveillé.   Etwas hat mich geweckt.
J'ai entendu quelque chose.   Ich habe etwas gehört.
Tu as besoin de quelque chose?   Brauchst du etwas?

⚠ quelque chose   etwas
  ne … rien / rien ne …   nichts
  (► NR. 78)

8. n'importe qui, n'importe quoi, n'importe lequel

N'importe qui utilise   … irgendwer …   Irgendwer nimmt diesen
ce parking.   Parkplatz.

Tu peux poser cette   … irgendjemandem …   Du kannst irgendjeman-
question à n'importe qui.   dem diese Frage stellen.

Il a répondu n'importe   … irgendetwas …   Er hat irgendetwas
quoi.   geantwortet.

- Quelles places est-ce   … irgendwelche /   Welche Plätze
  que vous voulez?   egal welche …   möchten Sie?
- N'importe lesquelles.   Irgendwelche.

Du lässt Deine Krawatten
überall liegen!

n'importe können Sie noch mit anderen Pronomen und Fragewörtern kombinieren, z. B.: **n'importe où** (irgendwo/überall), **n'importe comment** (irgendwie / ohne zu denken).

Die Verben

52 Vollverben

Verben, die eine eigene vollständige Aussage enthalten, nennen wir Vollverben.

parler	Je parle.	sprechen	Ich spreche.
dormir	Il dort.	schlafen	Er schläft.
comprendre	Elles comprennent.	verstehen	Sie verstehen.

Eine besondere Gruppe der Vollverben sind die reflexiven Verben, die immer von einem Objektpronomen begleitet werden.
(Die reflexiven Verben ► NR. 75)

| se tromper | sich täuschen |
| s'appeler | heißen |

Einige Verben werden nur in der 3. Person Singular konjugiert. Diese Verben nennt man unpersönliche Verben. (► ANHANG 4.2)

il faut	es ist nötig/man muss
il pleut	es regnet
il vaut	es gilt/es ist wert

53 Hilfsverben

Die Verben **être**, **avoir** und **aller** stehen nicht nur alleine, sondern werden als Hilfsverben auch zur Bildung der zusammengesetzten Zeiten (z. B. *passé composé*) verwendet.
(Die Konjugation der Hilfsverben **avoir** und **être** ► ANHANG 3)

avoir	j'ai écrit	haben	ich habe geschrieben
être	elle est partie	sein	sie ist (weg)gegangen
aller	tu vas voir	hier: werden	du wirst sehen

1 Welches Hilfsverb: *avoir* oder *être*?

Die zusammengesetzten Zeiten *(passé composé*, Plusquamperfekt und *futur antérieur)* werden mit den Hilfsverben **avoir** oder **être** gebildet. Welches Hilfsverb Sie verwenden müssen, hängt von dem nachfolgenden Vollverb ab. Die meisten Verben bilden die zusammengesetzten Zeiten mit dem Hilfsverb **avoir**.

Nur folgende Verben bilden die zusammengesetzten Zeiten mit dem Hilfsverb **être**:

Elle **s'est promenée**.
Sie ist spazieren gegangen.
Ils **se sont habillés** élégamment.
Sie haben sich elegant angezogen.

reflexive Verben,

Il **est parti** vers 7 heures.
Er ist gegen 7 Uhr gegangen.
Elle **est rentrée** trop tard.
Sie ist zu spät nach Hause
gekommen.
Je ne **suis** pas **restée** longtemps.
Ich bin nicht lange geblieben.
Il **est né** en 1995.
Er ist 1995 geboren.

Verben der Bewegungsrichtung:
Dazu zählen **aller**, **arriver**,
descendre, **entrer**, **monter**, **partir**,
rentrer, **retourner**, **tomber**,
revenir, **sortir**, **venir**,
Verben des Verweilens, z.B.: **rester**,

und die Verben **naître**, **devenir**,
mourir, **décéder**.

Il **a couru** très vite.   … **ist** gerannt
Er ist sehr schnell gerannt.

Nous avons marché une heure.   … **sind** gelaufen
Wir sind eine Stunde gelaufen.

J'ai beaucoup **nagé.**   … **bin** geschwommen
Ich bin viel geschwommen.

Im Unterschied zum Deutschen werden die Verben, die eine Bewegungs- oder Gangart bezeichnen, mit dem Hilfsverb **avoir** verbunden. Dazu zählen:

courir	laufen, rennen	**nager**	schwimmen
fuir	flüchten	**sauter**	springen
grimper	klettern	**voler**	fliegen
marcher	(zu Fuß) gehen	**voyager**	reisen

2 | Verben mit wechselndem Hilfsverb

Tu **es rentré** assez tard.   nach Hause kommen
Du bist ziemlich spät nach Hause gekommen.   (kein direktes Objekt)

Tu **as** déjà **rentré** les vélos au garage?   hineinbringen/-stellen (**les**
Hast du die Räder schon in die Garage gestellt?   **vélos** = direktes Objekt)

Je **suis descendu** à la cave.   hinuntergehen (kein
Ich bin in den Keller gegangen.   direktes Objekt)

J'ai descendu les bouteilles à la cave.   hinunterbringen (**les bou-**
Ich habe die Flaschen in den Keller gebracht.   **teilles** = direktes Objekt)

Elle **est montée** au premier étage.   hinaufgehen/-steigen
Sie ist in die erste Etage gegangen.   (kein direktes Objekt)

Elle **a monté** le linge au premier étage.   hinaufbringen (**le linge** =
Sie hat die Wäsche in die erste Etage gebracht.   direktes Objekt)

Einige der unter NR. 53.1 genannten Verben der Bewegungsrichtung können Sie auch transitiv (d. h. mit einem direkten Objekt) verwenden. Sie haben dann eine andere Bedeutung und werden in den zusammengesetzten Zeiten mit **avoir** verbunden. Dazu zählen:

descendre	hinuntergehen	descendre qc	etw. hinunterbringen
monter	hinaufgehen/-steigen	monter qc	etw. hinaufbringen
rentrer	nach Hause kommen	rentrer qc	etw. hineinbringen
retourner	zurückkehren/-kommen	retourner qc	etw. umdrehen/-wenden
sortir	hinausgehen	sortir qc	etw. hinausbringen

Elle a sorti le lait du réfrigérateur.

Elle est sortie.
Sie ist ausgegangen.

Sie hat die Milch aus dem Kühlschrank herausgeholt.

54 Modalverben

Modalverben stehen vor dem Infinitiv eines weiteren Verbs. Sie drücken aus, ob eine Handlung gewollt, möglich, bevorzugt ist, usw.
Die Konjugation der Modalverben **devoir, pouvoir, savoir, vouloir** finden Sie in der Liste der unregelmäßigen Verben.

➤ ANHANG 4.1

aimer		lieben/mögen	
devoir		müssen/sollen	
vouloir		wollen	
pouvoir	+ faire qc	können	+ etw. machen
savoir		wissen	
préférer		bevorzugen	
il faut		man muss	

Je veux manger une glace!

Ich möchte ein Eis essen!

55 Die Verbformen

Es gibt zwei Arten von Verbformen: die konjugierten Verbformen und die nicht-konjugierten Verbformen. Konjugierte Verbformen sind Formen, die mit den Personen verändert werden, wie z. B.: je regarde (1. Person Präsens Indikativ), elle a regardé (3. Person *passé composé*).

1 Konjugierte Verbformen

Jedes Verb kommt in verschiedenen Formen vor. Es kann konjugiert werden.

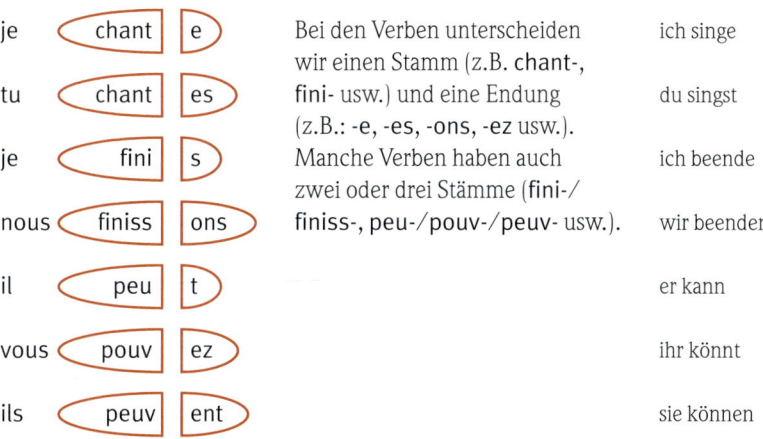

je	chant	e	ich singe
tu	chant	es	du singst
je	fini	s	ich beende
nous	finiss	ons	wir beenden
il	peu	t	er kann
vous	pouv	ez	ihr könnt
ils	peuv	ent	sie können

Bei den Verben unterscheiden wir einen Stamm (z.B. chant-, fini- usw.) und eine Endung (z.B.: -e, -es, -ons, -ez usw.). Manche Verben haben auch zwei oder drei Stämme (fini-/finiss-, peu-/pouv-/peuv- usw.).

Konjugierte Verbformen werden unterteilt in:

- einfache Verbformen: je chante, tu parles, il regardait, ils écouteront … (ich singe, du sprichst, er schaute, sie werden hören …),
- zusammengesetzte Verbformen. Diese bestehen aus einem Hilfsverb (avoir, être, aller) und dem Partizip Perfekt bzw. dem Infinitiv des Vollverbs: j'ai chanté, il est venu, il va partir … (ich habe gesungen, er ist gekommen, er wird gehen …)

2 Nichtkonjugierte Verbformen

Die nichtkonjugierten Formen des Verbs sind:

chanter, avoir, être singen, haben, sein	der Infinitiv,
chantant, ayant, étant singend, habend, seiend	das Partizip Präsens,

en chantant, en ayant, en étant   das *gérondif*,
singend, habend, seiend
chanté, eu, été   das Partizip Perfekt.
gesungen, gehabt, gewesen
(Die nichtkonjugierten Verbformen ► NR. 73)

56   Modus und Tempus

Verben stehen nicht nur in verschiedenen Tempora (Zeiten), die etwas über den
Zeitpunkt eines Ereignisses aussagen, sondern auch in einem Modus. Mit den
Modi kann der Sprecher seine Einstellung zum Gesagten variieren:
Um auszudrücken, dass ein Ereignis tatsächlich stattfindet, verwenden Sie den
Indikativ.

> Elle **viendra** demain.
> Sie wird morgen kommen.

> Elle **lit** un livre.
> Sie liest ein Buch.

Um Befehle, Notwendigkeiten oder Wünsche auszudrücken, verwenden Sie den
Imperativ, *conditionnel* oder *subjonctif*.

> **Venez** demain.   (Imperativ)
> Kommt/Kommen Sie morgen.

> Elle souhaite que tu **viennes** demain.   *(subjonctif)*
> Sie wünscht, dass du morgen kommst.

> **Pourriez-vous** venir demain?   *(conditionnel)*
> Könntet ihr/Könnten Sie morgen kommen?

Auch um Ereignisse auszudrücken, die entgegen der ursprünglichen
Annahme nicht stattgefunden haben, verwenden Sie das *conditionnel*.

> Elle **serait venue** volontiers, mais elle   *(conditionnel)*
> a eu un empêchement.
> Sie wäre gerne gekommen, aber sie war verhindert.

Im Französischen gibt es vier Modi: Indikativ, Imperativ, *subjonctif* und
conditionnel.

Indikativ, *subjonctif* und *conditionnel* haben verschiedene Zeiten.
Die Zeiten des Indikativs finden Sie ► NR. 57 – 68.

57 Das Präsens

1 Verben auf *-er*

1. Verben auf -er, -cer, -ger und -yer

		chant**er** singen	commen**cer** anfangen	man**ger** essen	tuto**yer** duzen
Singular	je	chant**e**	commenc**e**	mang**e**	tuto**ie**
	tu	chant**es**	commenc**es**	mang**es**	tuto**ies**
	il/elle	chant**e**	commenc**e**	mang**e**	tuto**ie**
Plural	nous	chant**ons**	commen**çons**	mang**eons**	tuto**yons**
	vous	chant**ez**	commenc**ez**	mang**ez**	tuto**yez**
	ils/elles	chant**ent**	commenc**ent**	mang**ent**	tuto**ient**

Vor -a, -o, -u steht -ç- statt -c- und -ge- statt -g-.

Die Verben auf -yer behalten das -y nur in der 1. und 2. Person Plural.
Alle anderen Formen haben ein -i-.
Die Verben auf -ayer (z. B. payer, essayer usw.) können das -y- aber behalten:
je pa**i**e oder je pa**y**e. Hier sind beide Formen richtig.

2. Verben auf -er mit zwei Stämmen

		achet**er** kaufen	préfér**er** bevorzugen	appel**er** rufen
Singular	j'/je	achè**te**	préf**è**r**e**	appe**lle**
	tu	achè**tes**	préf**è**r**es**	appe**lles**
	il/elle	achè**te**	préf**è**r**e**	appe**lle**
Plural	nous	achet**ons**	préfér**ons**	appel**ons**
	vous	achet**ez**	préfér**ez**	appel**ez**
	ils/elles	achè**tent**	préf**è**r**ent**	appe**llent**
		Ebenso: achever, amener, emmener, geler, lever, mener	Ebenso: compléter, espérer, posséder, régler, répéter	Ebenso: jeter, épeler, projeter, rappeler, rejeter, renouveler

2 | Verben auf -*ir*

Von diesen Verben gibt es zwei Gruppen.
Verben wie **dormir** verlieren in einigen Formen einen Teil des Stamms.
Verben wie **finir** erweitern in einigen Formen ihren Stamm um -**iss**.

		dormir schlafen	finir beenden
Singular	je	dor**s**	fini**s**
	tu	dor**s**	fini**s**
	il/elle	dor**t**	fini**t**
Plural	nous	dorm**ons**	fin**issons**
	vous	dorm**ez**	fin**issez**
	ils/elles	dorm**ent**	fin**issent**

Ebenso: mentir, partir, sentir, servir, sortir

Ebenso: agir, applaudir, choisir, définir, grandir, réfléchir, réunir, réussir, rougir, saisir, trahir

3 | Verben auf -*(d)re*

		attendre warten
Singular	j'	attend**s**
	tu	attend**s**
	il/elle	attend
Plural	nous	attend**ons**
	vous	attend**ez**
	ils/elles	attend**ent**

Ebenso: défendre, descendre, entendre, pendre, perdre, prétendre, rendre, répondre, tendre, vendre

Viele Verben, deren Infinitiv auf -(d)re endet, sind unregelmäßig. Diese Verben finden Sie in der Liste der unregelmäßigen Verben. (► ANHANG 4.1)

4 | Der Gebrauch des Präsens

Das Präsens wird in den meisten Fällen wie im Deutschen verwendet:

- Qu'est-ce qu'il **fait**?
  Was macht er?
- Il **range** sa chambre.
  Er räumt sein Zimmer auf.

zur Wiedergabe von Handlungen und Ereignissen, die in der Gegenwart ablaufen,

Elle **s'entraîne** 2 fois par semaine.
Sie trainiert zweimal in der Woche.

zur Beschreibung von Gewohnheiten,

Elle **a** les yeux bleus.
Sie hat blaue Augen.

für allgemeingültige Feststellungen oder Informationen.

- Tu **viens** à la plage **demain**?
  Kommst du morgen mit an den Strand?
- Non, je ne peux pas. **Demain**, je **vais** en ville avec une copine.
  Nein, ich kann nicht. Morgen gehe ich mit einer Freundin in die Stadt.

Mit einer entsprechenden Zeitangabe kann sich ein Verb im Präsens manchmal auch auf die Zukunft beziehen.

58 | Das imparfait

1 | Die Formen des imparfait

Sie bilden das *imparfait* aller Verben – auch der unregelmäßigen – aus dem Stamm der 1. Person Plural Präsens (nous chantons, nous dormons, nous finissons etc.) und den Endungen -ais, -ais, -ait, -ions, -iez, -aient:

		chant**er** singen	dorm**ir** schlafen	fin**ir** beenden	attend**re** warten
Singular	je/j'	chant**ais**	dorm**ais**	finiss**ais**	attend**ais**
	tu	chant**ais**	dorm**ais**	finiss**ais**	attend**ais**
	il/elle	chant**ait**	dorm**ait**	finniss**ait**	attend**ait**
Plural	nous	chant**ions**	dorm**ions**	finiss**ions**	attend**ions**
	vous	chant**iez**	dorm**iez**	finiss**iez**	attend**iez**
	ils/elles	chant**aient**	dorm**aient**	finiss**aient**	attend**aient**

Ausnahme – être: j'étais, tu étais, il était, nous étions, vous étiez, ils étaient.

manger   nous mang**e**ons   ►   je mang**e**ais
essen   wir essen   ich aß

commencer   nous commen**ç**ons ►   je commen**ç**ais
beginnen   wir beginnen   ich begann

Denken Sie an die Unregelmäßigkeiten in der 1. Person Plural Präsens. Sie bleiben im *imparfait* erhalten.

---

2 | **Der Gebrauch des imparfait**

Das *imparfait* verwenden Sie, um vergangene Handlungen oder Ereignisse zu beschreiben. Insbesondere verwenden Sie es, um:

À 9 ans, j'**allais** encore à l'école primaire, je **chantais** dans une chorale et je **faisais** de la natation.
Mit neun Jahren ging ich noch in die Grundschule, ich sang in einem Chor und ich ging zum Schwimmen.

gewohnheitsmäßige oder sich wiederholende Handlungen oder Ereignisse der Vergangenheit zu beschreiben,

En 1963, il y **avait** encore beaucoup de fermes dans notre village.
1963 gab es noch viele Bauernhöfe in unserem Dorf.

und um Zustände oder Handlungen der Vergangenheit ohne Bezug zur Gegenwart zu beschreiben.

Mon grand-père **était** très optimiste et il **avait** beaucoup d'amis.
Mein Großvater war sehr optimistisch und hatte viele Freunde.

59 Das passé composé

Das *passé composé* bilden Sie mit den Hilfsverben **avoir** oder **être** im Präsens und dem Partizip Perfekt des Vollverbs.
(► NR. 73.4)

			chanter singen			arriver ankommen
Singular	j'	**ai**	chanté	je	**suis**	arrivé/arrivée
	tu	**as**	chanté	tu	**es**	arrivé/arrivée
	il/elle	**a**	chanté	il	**est**	arrivé
				elle	**est**	arrivée
Plural	nous	**avons**	chanté	nous	**sommes**	arrivés/arrivées
	vous	**avez**	chanté	vous	**êtes**	arrivé/arivée
						arrivés/arrivées
	ils/elles	**ont**	chanté	ils	**sont**	arrivés
				elles	**sont**	arriveés

60 Der Gebrauch von imparfait und passé composé

Mit beiden Zeitformen schildern Sie vergangenes Geschehen.

Paul **avait** du travail, il **aimait** son métier et tout **allait** bien. Paul hatte Arbeit, er liebte seinen Beruf und alles lief gut.	Hintergrund
Mais un jour son usine **a fermé** et il **a perdu** son travail. Aber eines Tages schloss seine Fabrik und er verlor seine Arbeit.	Vordergrund/Handlung
Il **était** très déprimé et ne **savait** pas quoi faire. Er war sehr deprimiert und er wusste nicht, was er machen sollte.	Hintergrund
Alors, il **a vendu** sa maison Also hat er sein Haus verkauft,	Vordergrund/Handlung
qui **se trouvait** près du village et das sich in der Nähe des Dorfes befand und	Hintergrund
il **est allé** à Paris pour chercher du travail. er ist nach Paris gegangen, um Arbeit zu suchen.	Vordergrund/Handlung

In einer Erzählung geben Sie mit dem *imparfait* die **Hintergrund**informationen, die für das Verständnis wichtig sind. Sie beschreiben die Situation (il **avait** du travail) und den Zustand, der vor der eigentlichen Handlung bestand (il **était** très déprimé; il ne **savait** pas), geben Erklärungen (il **aimait** son métier; qui se **trouvait** près du village) oder Kommentare (tout **allait** bien).
Die Frage, auf die Sie antworten, könnte lauten: „Was war?"

Die eigentliche Handlung, die meist eine Folge von einzelnen, abgeschlossenen Ereignissen ist (son usine **a fermé**; il **a vendu** sa maison), erzählen Sie im *passé composé*.
Die Frage, auf die Sie antworten, könnte lauten: „Was ist dann geschehen?"

Auch in einzelnen Sätzen können Sie beide Zeiten verwenden.

Hier verlaufen beide Handlungen parallel. Anfang und Ende der Handlung sind unwichtig.

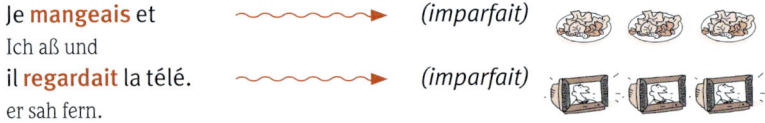

Je **mangeais** et   *(imparfait)*
Ich aß und
il **regardait** la télé.   *(imparfait)*
er sah fern.

Hier bildet das erste Geschehen den Hintergrund für das neu einsetzende Geschehen.

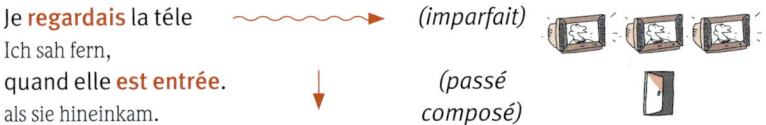

Je **regardais** la téle   *(imparfait)*
Ich sah fern,
quand elle **est entrée**.   *(passé composé)*
als sie hineinkam.

Hier liegt eine Folge von einzelnen, abgeschlossenen Handlungen vor.

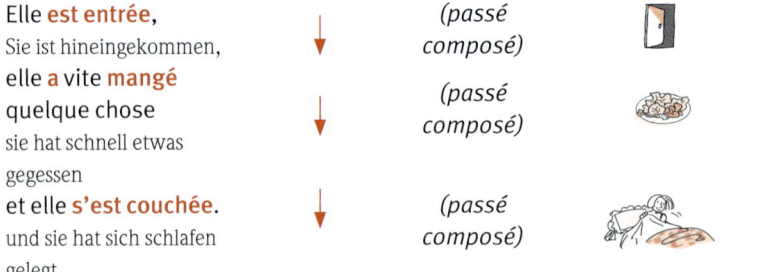

Elle **est entrée**,   *(passé composé)*
Sie ist hineingekommen,
elle **a** vite **mangé**   *(passé composé)*
quelque chose
sie hat schnell etwas gegessen
et elle **s'est couchée**.   *(passé composé)*
und sie hat sich schlafen gelegt.

61 Das futur composé

1 Die Formen des futur composé

Das *futur composé* bilden Sie aus den Präsensformen des Verbs **aller** + Infinitiv des jeweiligen Vollverbs (ich werde singen, du wirst singen usw.).

Singular			Plural		
je	**vais**	chanter	nous	**allons**	chanter
tu	**vas**	chanter	vous	**allez**	chanter
il/elle	**va**	chanter	ils/elles	**vont**	chanter

2 Der Gebrauch des futur composé

Das *futur composé* wird in der gesprochenen Sprache und (seltener) in der geschriebenen Sprache verwendet, um zukünftige Ereignisse auszudrücken.

> On **va manger** dans 10 minutes et après on **va regarder** le film à la télé.
> In zehn Minuten werden wir essen, und danach werden wir den Film im Fernsehen anschauen.

Das *futur composé* verwenden Sie, um ein unmittelbar bevorstehendes Geschehen, eine nahe Zukunft zu beschreiben.
In den meisten Fällen können Sie zur Schilderung von zukünftigen Ereignissen sowohl das *futur composé* als auch das *futur simple* verwenden. Da es einfacher zu bilden ist, können Sie beim Sprechen das *futur composé* verwenden.

62 Das futur simple

1 Die Formen des futur simple

Sie bilden das *futur simple* der meisten Verben auf **-er** und **-ir** aus dem Infinitiv und den Endungen -ai, -as, -a, -ons, -ez, -ont.

		chant**er** singen	dorm**ir** schlafen	fin**ir** beenden
Singular	je	chanter**ai**	dormir**ai**	finir**ai**
	tu	chanter**as**	dormir**as**	finir**as**
	il/elle	chanter**a**	dormir**a**	finir**a**
Plural	nous	chanter**ons**	dormir**ons**	finir**ons**
	vous	chanter**ez**	dormir**ez**	finir**ez**
	ils/elles	chanter**ont**	dormir**ont**	finir**ont**

			attendre warten
Singular		j'	attendrai
		tu	attendras
		il/elle	attendra
Plural		nous	attendrons
		vous	attendrez
		ils/elles	attendront

Bei den Verben auf -(d)re fällt das -e des Infinitivs weg.

Bei den Verben des Typs **acheter** und **appeler** und den Verben auf -yer bilden Sie das *futur simple* aus dem Stamm der 1. Person Singular Präsens + -r- + Futurendung.

acheter	kaufen	j'achète	j'achèterai
appeler	(an)rufen	j'appelle	j'appellerai
s'ennuyer	sich langweilen	je m'ennuie	je m'ennuierai

Auch die meisten unregelmäßigen Verben bilden die Formen des *futur simple* aus dem Infinitiv und den Endungen des *futur simple*. Eine Reihe von unregelmäßigen Verben haben aber einen besonderen Stamm, mit dem das *futur simple* und das *conditionnel présent* gebildet werden:

être sein	je serai	pouvoir können	je pourrai	aller gehen	j'irai
faire machen	je ferai	courir laufen	je courrai		
avoir haben	j'aurai	venir kommen	je viendrai	il faut es ist notwendig	il faudra
savoir wissen	je saurai	tenir halten	je tiendrai	il pleut es regnet	il pleuvra
voir sehen	je verrai	vouloir wollen	je voudrai		
envoyer schicken	j'enverrai				
		devoir müssen	je devrai		
		recevoir erhalten	je recevrai		

2 | Der Gebrauch des futur simple

Das *futur simple* wird sowohl in der geschriebenen als auch in der gesprochenen Sprache verwendet. Im geschriebenen Französisch wird es jedoch viel häufiger verwendet als das *futur composé*.

Sie verwenden das *futur simple* zur Schilderung einer von der Gegenwart weiter entfernt liegenden Zukunft.

> Je prendrai ma retraite dans dix ans.
> In zehn Jahren werde ich in Rente gehen.

Aber in den meisten Fällen können Sie zur Schilderung von zukünftigen Ereignissen sowohl *futur composé* als auch *futur simple* verwenden.

63 | Das passé simple

1 | Die Formen des passé simple

Das *passé simple* der Verben auf -er bilden Sie aus dem Infinitivstamm und den Endungen: -ai, -as, -a, -âmes, -âtes, -èrent.

		chanter singen
Singular	je	chantai
	tu	chantas
	il/elle	chanta
Plural	nous	chantâmes
	vous	chantâtes
	ils/elles	chantèrent

Das gilt auch für die Verben auf -yer und die Verben des Typs acheter, préférer, appeler.

tutoyer	duzen	je tutoyai
acheter	kaufen	j'achetai
préférer	bevorzugen	je préférai
appeler	(an)rufen	j'appelai

⚠ Denken Sie daran: vor -a, -o, -u steht -ç- statt -c- und -ge- statt -g-: je commençai, je mangeai.

Das *passé simple* der Verben auf -ir und -(d)re bilden Sie aus dem Infinitiv-stamm und den Endungen -is, -is, -it, -îmes, -îtes, -irent.

		dormir schlafen	finir beenden	attendre warten
Singular	j'/je	dormis	finis	attendis
	tu	dormis	finis	attendis
	il/elle	dormit	finit	attendit
Plural	nous	dormîmes	finîmes	attendîmes
	vous	dormîtes	finîtes	attendîtes
	ils/elles	dormirent	finirent	attendirent

2 Der Gebrauch des passé simple

In der gesprochenen Sprache wird das *passé simple* nicht verwendet.

Im geschriebenen Französisch, besonders in der Presse und in literarischen Texten, finden Sie anstelle des *passé composé* häufig das *passé simple*. Ebenso wie das *passé composé* stellt das *passé simple* das vergangene Geschehen im Vordergrund dar.

> Un jour, son usine ferma et Paul perdit son travail. Il vendit sa maison et alla à Paris.
> Eines Tages schloss seine Fabrik und Paul verlor seine Arbeit. Er verkaufte sein Haus und ging nach Paris.

64 Das Plusquamperfekt

1 Die Formen des Plusquamperfekts

Sie bilden das Plusquamperfekt mit den Hilfsverben **avoir** oder **être** im *imparfait* und dem Partizip Perfekt des Vollverbs.

			chanter singen			arriver ankommen
Singular	j'	avais	chanté	j'	étais	arrivé/arrivée
	tu	avais	chanté	tu	étais	arrivé/arrivée
	il/elle	avait	chanté	il	était	arrivé
				elle	était	arrivée
Plural	nous	avions	chanté	nous	étions	arrivés/arrivées
	vous	aviez	chanté	vous	étiez	arrivé/arivée arrivés/arrivées
	ils/elles	avaient	chanté	ils	étaient	arrivés
				elles	étaient	arriveés

2 Der Gebrauch des Plusquamperfekts

Das Plusquamperfekt verwenden Sie, um vergangene Ereignisse zu beschreiben, die sich noch vor anderen vergangenen Ereignissen abspielten, also noch weiter in der Vergangenheit liegen.

> Quand ils sont arrivés, nous **avions** déjà tout **préparé**.
> Als sie ankamen sind, hatten wir schon alles vorbereitet.

Im Deutschen verwenden wir manchmal das Perfekt anstelle des Plusquamperfekts. Im Französischen geht das nicht.

> Je suis repassé à l'hôtel où j'**avais laissé** ma valise.
> Ich bin in das Hotel zurückgegangen, wo ich meinen Koffer gelassen hatte/habe.

65 Das futur antérieur

1 Die Formen des futur antérieur

Das *futur antérieur* bilden Sie mit den Hilfsverben **avoir** oder **être** im *futur simple* und dem Partizip Perfekt des Vollverbs.

			chanter singen			arriver ankommen
Singular	j'	**aurai**	chanté	je	**serai**	arrivé/arrivée
	tu	**auras**	chanté	tu	**seras**	arrivé/arrivée
	il/elle	**aura**	chanté	il	**sera**	arrivé
				elle	**sera**	arrivée
Plural	nous	**aurons**	chanté	nous	**serons**	arrivés/arrivées
	vous	**aurez**	chanté	vous	**serez**	arrivé/arivée
						arrivés/arrivées
	ils/elles	**auront**	chanté	ils	**seront**	arrivés
				elles	**seront**	arriveés

2 Der Gebrauch des futur antérieur

Das *futur antérieur* entspricht formal dem deutschen Futur II. Es bezeichnet ein Geschehen in der Zukunft, das vor einem anderen Geschehen in der Zukunft abgeschlossen ist.

> Lundi, elle **aura terminé** le troisième chapitre et elle pourra partir en vacances.
> Am Montag wird sie das 3. Kapitel beendet haben und wird in die Ferien fahren können.

Im Deutschen verwenden wir anstelle des Futur II meistens das Perfekt. Im Französischen geht das nicht.

> Quand elle **aura terminé** ses études, elle ira aux États-Unis.
> Wenn sie ihr Studium beendet hat … statt: Wenn sie ihr Studium beendet haben wird …

66 Das présent duratif

Mit **être en train de** + Infinitiv des Vollverbs können Sie ausdrücken, dass jemand gerade dabei ist oder war, etwas zu tun.

- Qu'est-ce que tu fais?   Was machst du?
- Je **suis en train de** préparer   Ich bereite gerade das Essen vor.
  le repas.

J'**étais en train de** préparer le dîner   Ich war gerade dabei das Abend-
quand les copains sont venus.   essen vorzubereiten, als meine
     Freunde gekommen sind.

être en train de können
Sie in mehreren Zeiten
konjugieren. Am geläufigs-
ten sind jedoch Präsens
und *imparfait*.

· Was machst du?
– Ich repariere gerade die Lampe.

67 Das passé récent

Mit **venir de** + Infinitiv des Vollverbs können Sie ausdrücken, dass jemand gerade etwas gemacht hat oder dass eine Handlung gerade beendet ist.

Je **viens de** terminer les préparatifs pour le voyage.
Ich habe gerade die Vorbereitungen für die Reise beendet.

Auch **venir de** + Infinitiv können Sie in verschiedenen Zeiten konjugieren.

Je **venais de** terminer mon travail lorsqu'il m'a appelé.
Ich hatte gerade meine Arbeit beendet, als er mich anrief.

68 **Übersicht über die Zeiten des Indikativs**

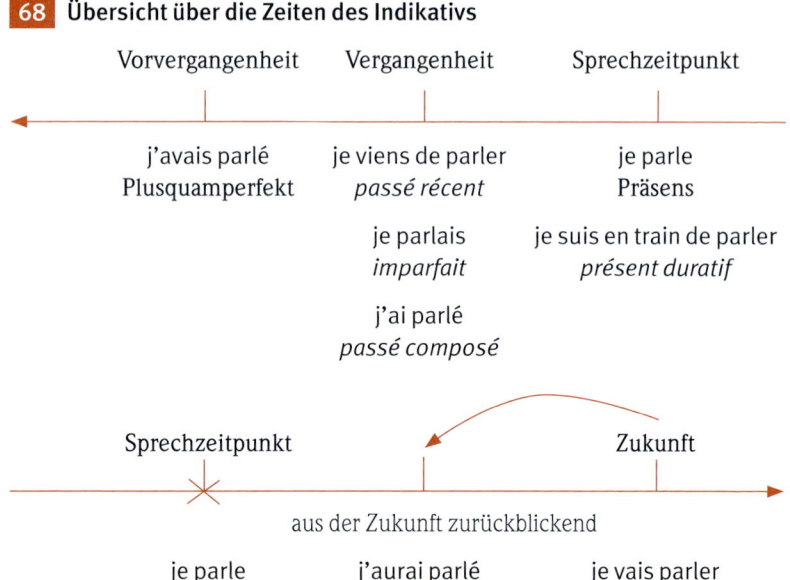

	Vorvergangenheit	Vergangenheit	Sprechzeitpunkt

j'avais parlé · je viens de parler · je parle
Plusquamperfekt · *passé récent* · Präsens

je parlais · je suis en train de parler
imparfait · *présent duratif*

j'ai parlé
passé composé

	Sprechzeitpunkt		Zukunft

aus der Zukunft zurückblickend

je parle · j'aurai parlé · je vais parler
Präsens · *futur antérieur* · *futur composé*

je parlerai
futur simple

69 **Der Imperativ**

Den Imperativ verwenden Sie, wenn Sie
jemanden auffordern wollen, etwas zu tun.

Der Imperativ hat drei Formen:

Attends.	Warte.	eine Singularform
Attendons.	Warten wir.	und zwei Pluralformen.
Attendez.	Warten Sie / Wartet.	

Die Singularform des Imperativs bilden Sie aus der 1. Person Singular Präsens. Das Personalpronomen fällt weg: **je finis** – **finis**.

> **Finis** tes devoirs.
> Beende deine Hausaufgaben.

Die Pluralformen bilden Sie aus der 1. und 2. Person Plural Präsens: **nous finissons** – **finissons**; **vous finissez** – **finissez**.

> **Finissons** de manger.
> Beenden wir das Essen.
> **Finissez** tranquillement votre repas.
> Beendet/Beenden Sie in Ruhe euer/Ihr Essen.

Fast alle Verben, auch die unregelmäßigen, bilden so den Imperativ.

 Nur diese vier Verben haben unregelmäßige Imperativformen:

être	sois, soyons, soyez	sein
avoir	aie, ayons, ayez	haben
aller	va, allons, allez	gehen/fahren
savoir	sache, sachons, sachez	wissen

Lève-toi.	Um den Imperativ der reflexiven Verben zu bilden,
Steh auf	stellen Sie das Reflexivpronomen hinter das Verb und
Levons-nous.	hängen es mit einem Bindestrich an.
Stehen wir auf.	Beim bejahten Imperativ lautet das Reflexivpronomen
Levez-vous.	der Singularform **toi** (nicht **te**).
Steht/Stehen Sie auf.	

| **Ne te lève pas.** | Beim verneinten Imperativ bleibt die Form des |
| Steh nicht auf. | Reflexivpronomens im Singular **te** erhalten. |

Nach dem Imperativ steht im Französischen normalerweise ein Punkt, kein Ausrufezeichen.

70 Der subjonctif

1 Der subjonctif présent

		chant**er** singen		fin**ir** beenden
Singular	que je	chant**e**	que je	finiss**e**
	que tu	chant**es**	que tu	finiss**es**
	qu'il/elle	chant**e**	qu'il/elle	finiss**e**
Plural	que nous	chant**ions**	que nous	finiss**ions**
	que vous	chant**iez**	que vous	finiss**iez**
	qu'ils/elles	chant**ent**	qu'ils/elles	finiss**ent**

Die meisten Verben – auch die unregelmäßigen – bilden den *subjonctif présent* aus dem Stamm der 3. Person Plural des Präsens Indikativ.

Infinitiv		Indikativ Präsens	*subjonctif* *présent*
écrire	schreiben	ils écrivent	que j'écrive
dormir	schlafen	ils dorment	que je dorme
dire	sagen	ils disent	que je dise
mettre	legen/anziehen	ils mettent	que je mette
lire	lesen	ils lisent	que je lise

Die Endungen sind bei allen Verben die gleichen: -e, -es, -e, -ions, -iez, -ent. Diese Endungen kennen Sie vom *imparfait*: -**ions** und -**iez** oder vom Präsens Indikativ der Verben auf -er: -e, -es, -e, -ent.

Verben, die in der 1. Person Plural und in der 3. Person Plural unterschiedliche Stämme haben (z.B. **acheter**, **préférer**), behalten in der Regel beide Stämme bei.

que j'ach**è**te
que tu ach**è**tes
qu'il ach**è**te
que nous ach**e**tions
que vous ach**e**tiez
qu'ils ach**è**tent

	Indikativ Präsens	*subjonctif présent*
boire trinken	nous b**u**vons / ils boivent	que nous b**u**vions / qu'ils boivent
envoyer schicken	nous envoyons / ils envo**i**ent	que nous envoyions / qu'ils envo**i**ent
préférer bevorzugen	nous préférons / ils préf**è**rent	que nous préférions / qu'ils préf**è**rent
prendre nehmen	nous prenons / ils pren**nn**ent	que nous prenions / qu'ils pren**n**ent
venir kommen	nous venons / ils vie**nn**ent	que nous venions / qu'ils vie**nn**ent
voir sehen	nous voyons / ils vo**i**ent	que nous voyions / qu'ils vo**i**ent

Der Stamm der 2. Person Plural ist immer mit dem der 1. Person Plural identisch:
que vous b**u**viez, que vous envo**y**iez usw.

 Einige Verben haben besondere *subjonctif*-Formen, z. B.:

aller	gehen/fahren	que j'aille [aj] / que nous allions [aljɔ̃]
avoir	haben	que j'aie [ɛ] / qu'il ait / que nous ayons
être	sein	que je sois / qu'il soit / que nous soyons
faire	machen	que je fasse
pouvoir	können	que je puisse
savoir	wissen	que je sache
vouloir	wollen	que je veuille / que nous voulions

2 | Der subjonctif passé

Den *subjonctif passé* bilden Sie mit den Hilfsverben **avoir** oder **être** im *subjonctif présent* und dem Partizip Perfekt des Vollverbs.

		chanter singen			**partir** weggehen/ abfahren	
Singular	que j'	aie	chanté	que je	sois	parti/partie
	que tu	aies	chanté	que tu	sois	parti/partie
	qu'il/elle	ait	chanté	qu'il	soit	parti
				qu'elle	soit	partie
Plural	que nous	ayons	chanté	que nous	soyons	partis/parties
	que vous	ayez	chanté	que vous	soyez	parti/partie/ partis/parties
	qu'ils/elles	aient	chanté	qu'ils	soient	partis
				qu'elles	soient	parties

Steht das Verb im einleitenden Hauptsatz in einem Tempus der Vergangenheit, verwenden Sie im que-Satz den *subjonctif passé*, um auszudrücken, dass diese Handlung vor der im Hauptsatz stattgefunden hat.

> J'ai trouvé bon qu'il **vienne**.　　　　　Gleichzeitigkeit
> Ich fand gut, dass er kam.

> J'ai trouvé bon qu'il **soit venu**.　　　　Vorzeitigkeit
> Ich fand gut, dass er gekommen ist/war.

3 | Der subjonctif imparfait

Der *subjonctif imparfait* ist eine Form, die nur noch selten verwendet wird. Er gehört der gehobenen Schriftsprache an, aber auch dort ist nur noch die 3. Person Singular gebräuchlich. Sie finden die Formen des *subjonctif imparfait* vornehmlich in älteren literarischen Werken.

chanter singen	qu'il chant**ât**	Die 3. Person des *subjonctif imparfait*
finir beenden	qu'il fin**ît**	wird aus dem Infinitivstamm und den folgenden Endungen gebildet: -ât für alle Verben auf -er, -ît für alle Verben auf -ir und -(d)re.

dormir	qu'il dormît
schlafen	

attendre	qu'il attendît
warten	

Die unregelmäßigen Verben haben den gleichen Stamm wie im *passé simple*. Die Endungen der 3. Person Singular des *subjonctif imparfait* unterscheiden sich von den Endungen des *passé simple* nur durch den accent circonflexe.

Infinitiv	*passé simple*	*subjonctif imparfait*
mettre	il mit	qu'il mît
anziehen/legen		
lire	il lut	qu'il lût
lesen		
pouvoir	il put	qu'il pût
können		
faire	il fit	qu'il fît
machen		
avoir	il eut	qu'il eût
haben		
être	il fut	qu'il fût
sein		

4 | Der Gebrauch des subjonctif

In den meisten Fällen brauchen Sie gar nicht darüber nachzudenken, ob Sie den *subjonctif* verwenden müssen oder nicht, denn eine Reihe von Verben, Ausdrücken und Konjunktionen erfordern den Gebrauch des *subjonctif* automatisch; das heißt, Sie müssen in diesen Fällen den *subjonctif* verwenden.

Den *subjonctif* brauchen Sie in Nebensätzen.

1. Den *subjonctif* müssen Sie in Nebensätzen nach Verben und Ausdrücken der Notwendigkeit, des Willens und des Wunsches verwenden:

Hauptsatz (Auslöser des *subjonctif*)	Nebensatz (mit dem Verb im *subjonctif*)	
Il faut	qu'elle fasse ses devoirs.	Es ist notwendig, dass …
Je veux	qu'elle fasse ses devoirs.	Ich will, dass …
J'aimerais	qu'elle fasse ses devoirs.	Ich möchte, dass …

Dazu zählen:

il faut / il faudrait que	es ist nötig/notwendig, dass
il est nécessaire/indispensable que	es ist nötig/notwendig, dass
il vaut / il vaudrait mieux que	es ist/wäre besser, dass
demander que	verlangen, dass
désirer que	wünschen, dass
interdire que	verbieten, dass
permettre que	erlauben, dass
préférer que	vorziehen, dass
proposer que	vorschlagen, dass
refuser que	ablehnen, dass
souhaiter que	wünschen, dass
vouloir que	wollen, dass

2. Auch nach Verben und Ausdrücken des Gefühls und der Bewertung müssen Sie den *subjonctif* verwenden:

Hauptsatz	Nebensatz
(Auslöser des *subjonctif*)	(Verb im *subjonctif*)

Nous regrettons	que Marie ne **soit** pas là.	Wir bedauern, dass …
C'est dommage	qu'elle n'**ait** pas **téléphoné**.	Es ist schade, dass …

Dazu zählen außerdem:

c'est normal / il est normal que	es ist normal, dass
c'est dommage / il est dommage que	es ist schade, dass
c'est drôle / il est drôle que	es ist komisch, dass
il serait bon/utile/	es wäre gut/nützlich/
inutile … que	unnötig …, dass
je trouve bizarre/drôle/	ich finde merkwürdig/komisch/
triste/amusant/	traurig/lustig/
surprenant … que	erstaunlich …, dass
je suis heureux/content/	ich bin glücklich/froh/
ravi/triste … que	entzückt/traurig …, dass
j'ai peur que	ich habe Angst, dass
je regrette que	ich bedaure, dass
je crains que	ich befürchte, dass
je m'étonne que	ich wundere mich, dass
je me réjouis que	ich freue mich, dass

cela m'amuse/m'étonne/	es amüsiert/erstaunt/
m'inquiète/	beunruhigt/
me surprend ... que	überrascht ... mich, dass

Einen Nebensatz mit *subjonctif* verwenden Sie aber nur, wenn Haupt- und Nebensatz unterschiedliche Subjekte haben. (Hauptsatz: Subjekt – je; Nebensatz: Subjekt – elle)

Je veux qu'elle vienne.	Ich will, dass sie kommt.
Je suis heureuse qu'elle parte.	Ich bin froh, dass sie geht.

Haben sie dasselbe Subjekt, verwenden Sie nach den oben aufgelisteten Ausdrücken einen Infinitiv.

Je veux venir.	Ich will kommen.
Je suis heureuse de pouvoir partir.	Ich bin froh, fortgehen zu können.

3. Auch einige Konjunktionen lösen automatisch den *subjonctif* aus:

Hauptsatz	Nebensatz (auslösende Konjunktion – Verb im *subjonctif*)	
Elle est partie,	bien qu'elle soit malade.	obwohl ... ist.
J'attends	jusqu'à ce que ma fille vienne.	bis ... kommt.

Dazu zählen außerdem:

avant que	bevor
afin que	damit
bien que	obwohl
quoique	obwohl
malgré que	obwohl
pour que	damit
jusqu'à ce que	(solange) bis
en attendant que	(in der Zeit) bis
de façon que	sodass
sans que	ohne, dass
à condition que	unter der Bedingung, dass
pourvu que	wenn ... nur

4. Nach Ausdrücken des Meinens, Sagens und Denkens steht im bejahten Satz der Indikativ, im verneinten Satz der *subjonctif*:

Je **crois** qu'elle **viendra** demain.
Ich glaube, dass sie morgen kommt.

Je **ne crois pas** qu'elle **vienne** demain.
Ich glaube nicht, dass sie morgen kommt.

Je **pense** qu'il **est** malade.
Ich denke, er ist krank.

Je **ne pense pas** qu'il **soit** malade.
Ich denke nicht, dass er krank ist.

J'**ai l'impression** qu'elle **a** raison.
Ich habe den Eindruck, dass sie Recht hat.

Je n'**ai pas l'impression** qu'elle **ait** raison.
Ich habe nicht den Eindruck, dass sie Recht hat.

Dazu zählen außerdem:

j'ai l'impression que	ich habe den Eindruck, dass	je n'ai pas l'impression que
je suis d'avis que	ich bin der Meinung, dass	je ne suis pas d'avis que
je t'assure que	ich versichere dir, dass	je ne t'assure pas que
je m'imagine que	ich stelle mir vor, dass	je ne m'imagine pas que
je prétends que	ich behaupte, dass	je ne prétends pas que
je trouve que	ich finde, dass	je ne trouve pas que
il est certain que	es ist sicher, dass	il n'est pas certain que
il est sûr que	es ist sicher, dass	il n'est pas sûr que
il est probable que	es ist wahrscheinlich, dass,	il n'est pas probable que
je suis sûr/certain/ convaincu que	ich bin sicher/ überzeugt, dass	je ne suis pas sûr/ certain/ convaincu que

71 Das conditionnel

1 Das conditionnel présent

Das *conditionnel présent* der meisten Verben auf -er und der Verben auf -ir bilden Sie aus dem Infinitiv und den Endungen: -ais, -ais, -ait, -ions, -iez, -aient. Bei den Verben auf -(d)re fällt das -e des Infinitivs weg.
Die Endungen des *conditionnel présent* sind mit denen des *imparfait* identisch.

		chanter singen	dormir schlafen
Singular	je	chanterais	dormirais
	tu	chanterais	dormirais
	il/elle	chanterait	dormirait
Plural	nous	chanterions	dormirions
	vous	chanteriez	dormiriez
	ils/elles	chanteraient	dormiraient

		finir beenden	attendre warten
Singular	je/j'	finirais	attendrais
	tu	finirais	attendrais
	il/elle	finirait	attendrait
Plural	nous	finirions	attendrions
	vous	finiriez	attendriez
	ils/elles	finiraient	attendraient

⚠ Bei den Verben des Typs **acheter** und **appeler** und den Verben auf -yer bilden Sie das *conditionnel présent* aus dem Stamm der 1. Person Singular Präsens + -r- + Endung.

acheter	j'achète	j'achèterais
kaufen	ich kaufe	ich würde kaufen
appeler	j'appelle	j'appellerais
(an)rufen	ich rufe (an)	ich würde (an)rufen
tutoyer	je tutoie	je tutoierais
duzen	ich duze	ich würde duzen

Aber:

préférer	je préfère	je préférerais
bevorzugen	ich bevorzuge	ich würde bevorzugen

Auch viele unregelmäßige Verben bilden die Formen des *conditionnel présent* aus dem Infinitiv und den Endungen des *conditionnel présent*. Eine Reihe von unregelmäßigen Verben haben aber einen besonderen Stamm für das *futur simple* und das *conditionnel présent*, z. B.:

	futur simple	*conditionnel présent*	
être	je **ser**ai	je **ser**ais	sein
faire	je **fer**ai	je **fer**ais	machen
avoir	j'**aur**ai	j'**aur**ais	haben

(Das *futur simple* ► NR. 62)

2 | Das conditionnel passé

Das *conditionnel passé* bilden Sie mit den Hilfsverben **avoir** oder **être** im *conditionnel présent* und dem Partizip Perfekt des Vollverbs.

			chanter singen			partir weggehen/ abfahren
Singular	j'	**aurais**	chanté	je	**serais**	parti/partie
	tu	**aurais**	chanté	tu	**serais**	parti/partie
	il/elle	**aurait**	chanté	il	**serait**	parti
				elle	**serait**	partie
Plural	nous	**aurions**	chanté	nous	**serions**	partis/parties
	vous	**auriez**	chanté	vous	**seriez**	parti/partie/ partis/parties
	ils/elles	**auraient**	chanté	ils	**seraient**	partis
				elles	**seraient**	parties

3 | Der Gebrauch des conditionnel

Das *conditionnel* verwenden Sie für:

Pourrais-tu m'aider, s'il te plaît?
Könntest du mir bitte helfen?

höfliche Bitten und Fragen,

Moi, à ta place, je n'**irais** pas.
Ich, an deiner Stelle, würde nicht dorthin gehen.
Vous ne **devriez** pas attendre plus longtemps.
Sie sollten/Ihr solltet nicht länger warten.
Vous n'**auriez** pas **dû** m'attendre.
Sie hätten/Ihr hättet nicht auf mich warten müssen.

Ratschläge,

J'**aimerais** bien passer une année en France.
Ich würde gerne ein Jahr in Frankreich verbringen.
L'argent qu'elle a gagné lui **permettrait** d'acheter une maison à la campagne.
Das verdiente Geld gäbe ihr die Möglichkeit, ein Haus auf dem Land zu kaufen.

Wünsche und Möglichkeiten,

Tu **aurais pu** me le dire avant.
Du hättest es mir früher sagen können.

Vorhaltungen und Vorwürfe,

Mon frère m'a dit qu'il **ferait** un grand voyage.
Mein Bruder hat mir gesagt, dass er eine große Reise machen werde.

die indirekte Rede, wenn das Verb im Hauptsatz in der Vergangenheit steht.
(► NR. 98)

Cette table *serait* mieux placée près de la fenêtre.

À ta place, je *mettrais* cette lampe sur la cheminée.

À mon avis, il *faudrait* jeter le divan.

Tu *devrais* mettre ce fauteuil dans une autre pièce.

72 Das Passiv

1 Die Bildung des Passivs

Das Passiv bilden Sie mit dem Hilfsverb être und dem Partizip Perfekt des Vollverbs. Das Partizip Perfekt richtet sich dabei in Geschlecht und Zahl nach dem Subjekt.

Le spectacle **est mis** en scène par Savary. ... wird inszeniert ...
Das Schauspiel wird von Savary inszeniert.

La salle **a été ouverte** à 19 heures. ... ist geöffnet worden ...
Der Schauspielsaal ist um 19 Uhr geöffnet worden.

Les billets **ont été vendus** au prix de 50 €. ... sind verkauft worden ...
Die Eintrittskarten sind zu einem Preis von 50 Euro verkauft worden.

Auch im Passiv gibt es verschiedene Zeiten und Modi:

la chanson	**est chantée**	Präsens (Präsens von être + Partizip)
la chanson	**était chantée**	*imparfait* (*imparfait* von être + Partizip)
la chanson	**a été chantée**	*passé composé* (*passé composé* von être + Partizip)
la chanson	**avait été chantée**	Plusquamperfekt (Plusquamperfekt von être + Partizip)
que la chanson	**soit chantée**	*subjonctif présent* (*subjonctif présent* von être + Partizip)
la chanson	**serait chantée**	*conditionnel présent* (*conditionnel présent* von être + Partizip)

2 Der Passivsatz

Einen Passivsatz bilden Sie, indem Sie das direkte Objekt eines Satzes im Aktiv zum Subjekt machen und eine Passivform des Verbs verwenden.

Die Franzosen **haben** die Stadt Québec **gegründet**.
Les Français **ont fondé** la ville de Québec.

La ville de Québec **a été fondée** par les Français.
Die Stadt Québec **wurde** von den Franzosen **gegründet**.

Es gibt Passivsätze mit und ohne Nennung des Urhebers. Die Nennung des Urhebers erfolgt in der Regel mit **par**.

> Cette chapelle **a été construite** en 1953.
> Diese Kapelle wurde 1953 erbaut.

> Cette chapelle **a été construite par** un architecte célèbre.
> Diese Kapelle wurde von einem berühmten Architekten erbaut.

Nach einigen Partizipien, die einen Zustand ausdrücken, schließen Sie den Urheber mit **de** an.

> Elle **est accompagnée de** ses parents.
> Sie wird von ihren Eltern begleitet.
> Il **est respecté de** ses élèves.
> Sie wird von ihren Schülern respektiert.

Dazu zählen außerdem:

aimé de	geliebt von	**connu de**	gekannt von
détesté de	gehasst von	**estimé de**	geschätzt von
ignoré de	nicht gekannt von	**oublié de**	vergessen von

Der Passivsatz wird im Französischen seltener gebraucht als im Deutschen. Am häufigsten werden Passivsätze ohne Nennung des Urhebers verwendet.

Meistens verwendet man im Französischen die folgenden Alternativen zum Passiv:

> Cette école **a été fermée** en 1993.   einen Aktivsatz mit **on**,
> Diese Schule wurde 1993 geschlossen.
> **On a fermé** cette école en 1993.
> Man hat diese Schule 1993 geschlossen.

> Le livre **a été** très bien **vendu**.   einen Aktivsatz mit einem
> Das Buch ist sehr gut verkauft worden.   reflexiven Verb,
> Ce livre **s'est** très bien **vendu**.
> Dieses Buch hat sich sehr gut verkauft.

> Tous les ouvriers **ont été renvoyés**.   **se faire** + Verb im Infinitiv
> Alle Arbeiter sind entlassen worden.   (Das geht nur, wenn das
> Tous les ouvriers **se sont fait**   Subjekt ein menschliches
> **renvoyer**.   Lebewesen ist.).
> Alle Arbeiter sind entlassen worden.

73 Die nichtkonjugierten Verbformen

Die nichtkonjugierten Formen des Verbs sind:

chanter, avoir, être	singen, haben, sein	der Infinitiv,
chantant, ayant, étant	singend, habend, seiend	das Partizip Präsens,
en chantant, en ayant, en étant		das *gérondif*,
chanté, eu, été	gesungen, gehabt, gewesen	das Partizip Perfekt.

1 Der Infinitiv

Der Infinitiv ist die Grundform des Verbs und die Form, die Sie im Wörterbuch finden. Er ist unveränderlich. An der Endung des Infinitivs können Sie erkennen, zu welcher Verbgruppe ein Verb gehört. Im Französischen unterscheidet man:

chanter, manger, appeler	singen, essen, (an)rufen	regelmäßige Verben
dormir, partir, sentir	schlafen, weggehen, fühlen	auf -er, -ir, -(d)re,
finir, choisir, réussir	beenden, auswählen, gelingen	
attendre, entendre, vendre	warten, hören, verkaufen	
faire, dire, pouvoir	machen, sagen, können	sowie unregelmäßige Verben.

2 Das Partizip Präsens

Sie bilden das Partizip Präsens aus dem Stamm der 1. Person Plural Präsens, an den Sie die Endung -ant anhängen. Das Partizip Präsens ist unveränderlich.

1.	Infinitiv	Präsens	Partizip Präsens	
	parler	nous parlons	parlant	sprechend
	manger	nous mangeons	mangeant	essend
	finir	nous finissons	finissant	beendend
	dormir	nous dormons	dormant	schlafend
	attendre	nous attendons	attendant	wartend
	vouloir	nous voulons	voulant	wollend

Die Bildung des Partizip Präsens ist mit drei Ausnahmen für alle Verben regelmäßig. Nur diese drei Verben bilden ein unregelmäßiges Partizip Präsens.

avoir	**ayant**	habend
être	**étant**	seiend
savoir	**sachant**	wissend

Das Partizip Präsens hat eine Vergangenheitsform:

parlant	**ayant parlé**	gesprochen habend
allant	**étant allé/e**	gegangen/gefahren seiend

Die Vergangenheitsform bilden Sie aus dem Partizip Präsens des Hilfsverbs (**avoir** oder **être**) und dem Partizip Perfekt des Verbs.

Das Partizip der Verben, die die Vergangenheitsform mit **étant** bilden, müssen Sie in Geschlecht und Zahl an das Subjekt anpassen.
Étant part**ie** avant 8 heures, **elle** n'a pas fait la connaissance de M. Dupont.

Da sie vor 8 Uhr gegangen ist, hat sie nicht Herrn Dupont kennen gelernt.

Das Partizip Präsens wird wie andere Verbformen in die Verneinungsklammer eingeschlossen.

Ne parlant pas japonais,
elle n'a rien compris.
Da sie kein Japanisch spricht,
hat sie nichts verstanden.

Das Partizip Präsens steht normalerweise nicht alleine; es wird zusammen mit einer Ergänzung oder mit Adverbien verwendet.

Ayant travaillé toute la nuit, elle voulait dormir plus longtemps.
Da sie die ganze Nacht gearbeitet hat, wollte sie länger schlafen.

2. Der Gebrauch des Partizip Präsens

Eine Satzkonstruktion mit dem Partizip Präsens steht für Nebensätze:

- die einen Grund angeben und mit **comme, parce que** oder **puisque** beginnen,

Voulant gagner la compétition à tout prix, Joëlle s'entraîne tous les jours.
Comme elle veut gagner la compétition …
Da Joëlle den Wettkampf um jeden Preis gewinnen will, trainiert sie täglich.

- die die Gleichzeitigkeit von zwei Vorgängen oder Handlungen ausdrücken.

Regardant par la fenêtre, il voyait les enfants dans le jardin.
Quand il regardait par la fenêtre …
Wenn er aus dem Fenster schaute, sah er die Kinder im Garten.

- Es steht außerdem für Relativsätze mit **qui**.

Famille **parlant allemand** cherche jeune fille au pair.
Famille **qui parle allemand** …
Deutschsprechende Familie sucht Aupairmädchen.

Das Partizip Präsens ist zeitlich neutral. Es kann also in Verbindung mit allen Zeiten stehen.

Das Partizip Präsens wird vorwiegend im geschriebenen Französisch verwendet, selten in der gesprochenen Sprache.

3 | Das gérondif

1. Mit **en** und dem Partizip Präsens bilden Sie das *gérondif*.

| parlant | **en parlant** |
| mangeant | **en mangeant** |

Das *gérondif* ist unveränderlich.

In der Verneinungsklammer steht nur die Verbform, nicht das **en**.
En ne fumant pas, je me porte mieux.
Wenn ich nicht rauche, fühle ich mich besser.

Im Unterschied zum Partizip Präsens kann das *gérondif* auch alleine, ohne weitere Ergänzung stehen.
Elle fait son travail **en souriant**.
Sie macht ihre Arbeit und lächelt dabei.

2. Der Gebrauch des *gérondif*

Das *gérondif* kann für verschiedene Nebensätze stehen und ist im geschriebenen und gesprochenen Französisch sehr geläufig. Es ist zeitlich neutral und kann in Verbindung mit allen Zeiten stehen.

> **En écrivant** son roman, elle fumait toujours.
> Sie rauchte immer, während sie ihren Roman schrieb.

> **En fouillant** les papiers, j'ai trouvé le contrat.
> Beim durchsuchen der Papiere, fand ich den Vertrag.

Mit dem *gérondif* können Sie die Gleichzeitigkeit von Handlungen oder Ereignissen ausdrücken. Das *gérondif* ersetzt dann Nebensätze mit **pendant que** und **quand** oder auch Hauptsätze, die durch **et** verbunden sind.

> **En travaillant** comme professeur il gagnerait davantage.
>
> Wenn er als Lehrer arbeiten würde, würde er mehr verdienen.

> C'est **en forgeant** qu'on devient forgeron.
> Übung macht den Meister.

Mit dem *gérondif* können Sie Bedingungen oder Annahmen ausdrücken. Es ersetzt dann einen Nebensatz mit **si**.

> **En regardant** la télé française, elle a fait des progrès.
> Indem sie französisches Fernsehen schaute, hat sie Fortschritte gemacht.

Mit dem *gérondif* können Sie die Art und Weise, wie eine Handlung geschieht, beschreiben.

> **En partant** lundi, **nous** éviterons les embouteillages.
> Si **nous** partons lundi, **nous** …
> Wenn wir am Montag fahren, vermeiden wir den Stau.

Das *gérondif* bezieht sich immer auf das Subjekt des Hauptsatzes.

L'appétit vient **en mangeant**. (= quand on mange)
Der Appetit kommt beim Essen.

La fortune vient **en dormant**. (= quand on dort)
Das Glück kommt im Schlaf.

C'est la première porte à gauche **en sortant**. (= quand on sort)
Es ist die erste Tür links, wenn man hinausgeht.

Nur in einigen festen Redewendungen und Sprichwörtern bezieht sich das
gérondif nicht auf das Subjekt des Satzes.

4 Das Partizip Perfekt

1. Das Partizip Perfekt besteht aus einem Stamm und einer Endung.
Es ist nach Geschlecht und Zahl veränderlich.

Infinitiv	Partizip Perfekt		
regarder	**regardé**	gesehen	Die Partizipien Perfekt der Verben
manger	**mangé**	gegessen	auf -**er** bilden Sie mit -**é**,
finir	**fini**	beendet	die Partizipien der regelmäßigen
dormir	**dormi**	geschlafen	Verben auf -**ir** bilden Sie mit -**i**,
attendre	**attendu**	gewartet	die der regelmäßigen Verben auf
vendre	**vendu**	verkauft	-**(d)re** bilden Sie mit -**u**.
faire	**fait**	gemacht	Die Partizipien der wichtigsten unre-
dire	**dit**	gesagt	gelmäßigen Verben finden Sie in der
pouvoir	**pu**	gekonnt	Liste der unregelmäßigen Verben.
			(► ANHANG 4.1)

2. Die Veränderlichkeit des Partizip Perfekts

Das Partizip Perfekt wird zur Bildung der zusammengesetzten Zeiten und des
Passivs mit den Hilfsverben **être** und **avoir** verwendet.

Il **a mangé**.   *(passé composé)*
Er hat gegessen.

Elle **avait voulu** aller seule.   (Plusquamperfekt)
Sie wollte alleine gehen/fahren.

Quand elle **aura quitté** son poste à la
SNCF, elle travaillera ailleurs.

(futur antérieur)

Wenn sie ihre Stelle bei der SNCF aufgegeben
haben wird, wird sie woanders arbeiten.

La chanson **est interprétée** par Renaud.

(Passiv)

Das Lied wird von Renaud gesungen.

Das Partizip Perfekt ist veränderlich. Sie gleichen es wie ein Adjektiv in
Geschlecht und Zahl dem Subjekt an:

Il est monté.

Er ist hinaufgegangen.

keine Veränderung für die maskuline
Singularform,

Elle est mont**é**e.

Sie ist hinaufgegangen.

die feminine Singularform bilden Sie mit -e,

Ils sont monté**s**.

Sie (m. Pl.) sind hinaufgegangen.

die maskuline Pluralform bilden Sie mit -s,

Elles sont mont**ées**.

Sie (f. Pl.) sind hinaufgegangen.

die feminine Pluralform bilden Sie mit -es.

Sie verändern das Partizip Perfekt in den zusammengesetzten Zeiten aber nur in
drei Fällen:

Pierre: «Je **suis allé** au cinéma.»

Pierre: „Ich bin ins Kino gegangen."

nach dem Hilfsverb être,

Isabelle: «Je **suis allée** au cinéma.»

Isabelle: „Ich bin ins Kino gegangen."

Pierre et Jean: «Nous **sommes sortis** le soir.»

Pierre und Jean: „Wir sind am Abend ausgegangen."

Isabelle et Charlotte: «Nous **sommes sorties**
le soir.»

Isabelle und Charlotte: „Wird sind am Abend aus-
gegangen."

Ils **sont partis** hier matin.

Sie (m. Pl.) sind gestern Morgen (weg)gegangen./-gefahren.

Elles **sont parties** hier matin.

Sie (f. Pl.) sind gestern Morgen (weg)gegangen./-gefahren.

Il **s'est promené**.
Er ist spazieren gegangen.

Elle **s'est promenée**.
Sie ist spazieren gegangen.

Ils **se sont promenés**.
Sie (m. Pl.) sind spazieren gegangen.

Elles **se sont promenées**.
Sie (f. Pl.) sind spazieren gegangen.

bei reflexiven Verben, die in den zusammengesetzten Zeiten immer das Hilfsverb **être** haben, aber nur, wenn das Reflexivpronomen direktes Objekt im Satz ist, (► Nr. 75.1)

• Tu as écouté la cassette?
Hast du die Kassette gehört?
– Non, je ne **l'**ai pas écout**ée**.

Nein, ich habe sie nicht gehört.

nach dem Hilfsverb **avoir,** wenn dem Verb ein direktes Objekt vorangeht.

Das direkte Objekt kann nur in drei Fällen dem Verb vorangehen:

Isabelle et Charlotte? Je **les** ai rencontré**es** hier soir.

Isabelle und Charlotte? Ich habe sie gestern Abend getroffen.

als direktes Objektpronomen (► Nr. 41.1),

Voilà **les photos qu'**elle a pris**es** pendant les vacances.

Hier sind die Fotos, die sie während der Ferien gemacht hat.

im Relativsatz mit **que,**

Quelle **chanson** est-ce que tu as aim**ée**?

Welches Lied hat dir gefallen?

Combien de **langues** est-ce que vous avez appris**es**?

Wie viele Sprachen haben Sie gelernt?

in der Frage nach dem direkten Objekt (mit **quel** oder **combien de**).

In allen anderen Fällen wird das Partizip Perfekt nach dem Hilfsverb **avoir** nicht verändert.

74   Das Verb und seine Ergänzungen

Verben können verschiedene Ergänzungen haben:

Ils regardent **le film**.   direkte Objekte,
Sie schauen den Film.

Elle répond **à la question**.   indirekte Objekte mit **à**,
Sie antwortet auf die Frage.

Je parle **de mes vacances**.   indirekte Objekte mit **de**,
Ich rede über meine Ferien.

Elle joue **avec son frère**.   indirekte Objekte mit
Sie spielt mit ihrem Bruder.   anderen Präpositionen,

Il aime **jouer aux cartes**.   Infinitivergänzungen ohne
Er spielt gerne Karten.   Präposition,

Il apprend **à nager**.   Infinitivergänzungen mit **à**,
Er lernt schwimmen.

Il s'est arrêté **de fumer**.   Infinitivergänzungen mit **de**.
Er hat aufgehört zu rauchen.

Bei einigen Verben können mehrere Ergänzungen gleichzeitig stehen:

Sylvie donne **son livre à Jacques**.   direktes Objekt und
Sylvie gibt Jacques ihr Buch.   indirektes Objekt mit **à**,

J'ai informé **mes collègues de mon départ**.   direktes Objekt und
Ich habe meine Kollegen von meinem Weggang   indirektes Objekt mit **de**,
unterrichtet.

Elle persuade **son ami de venir**.   direktes Objekt und
Sie überzeugt ihren Freund zu kommen.   Infinitivergänzung mit **de**,

Il propose **à sa femme d'aller au cinéma**.   indirektes Objekt und
Er schlägt seiner Frau vor, ins Kino zu gehen.   Infinitivergänzung mit **de**.

Welche Objekte ein Verb haben kann, wird normalerweise folgendermaßen angegeben:

apprendre qc à qn – jdm etw. beibringen

Das bedeutet, **apprendre** kann ein direktes und ein indirektes Objekt haben.

qc (etwas)	direktes Objekt (Sache)
à qc	indirektes Objekt mit à (Sache)
de qc	indirektes Objekt mit de (Sache)
qn (jemand)	direktes Objekt (Person)
à qn	indirektes Objekt mit à (Person)
de qn	indirektes Objekt mit de (Person)

Mögliche Infinitivergänzungen werden unterschiedlich angegeben:

apprendre à qn à faire qc oder **apprendre à qn à (+ Inf.)** jdm beibringen, etw. zu tun

(+ Inf.)	oder	**faire qc**	Infinitivergänzung ohne Präposition
à (+ Inf.)	oder	**à faire qc**	Infinitivergänzung mit à
de (+ Inf.)	oder	**de faire qc**	Infinitivergänzung mit de

Manche Verben haben mit unterschiedlichen Ergänzungen auch unterschiedliche Bedeutungen, weshalb es sehr wichtig ist, die Ergänzungen eines Verbs zu kennen.

Elle **pense partir** demain.	Sie hat vor, morgen abzufahren.
Elle **pense à** son ami.	Sie denkt an ihren Freund.

Es gibt keine allgemeinen Regeln dafür, welche Präposition Sie zwischen Verb und Objekt oder Verb und Infinitiv verwenden müssen.

Am besten lernen Sie die Präposition und ihre Ergänzung mit dem Verb – so wie Sie auch den bestimmten Artikel mit dem Nomen lernen.

(Liste der wichtigsten Verben mit ihren Ergänzungen ► ANHANG 5)

75 Die reflexiven Verben

Reflexive Verben sind Verben, die von einem Reflexivpronomen begleitet werden:
se tromper – sich irren, s'habiller – sich anziehen.

Je me trompe.	Ich irre mich.
Il s'habille.	Er zieht sich an.

Das Objektpronomen weist immer auf die gleiche Person wie das Subjekt.

		se	tromper sich irren	s'	appeler heißen
Singular	je	**me**	trompe	**m'**	appelle
	tu	**te**	trompes	**t'**	appelles
	il/elle	**se**	trompe	**s'**	appelle
Plural	nous	**nous**	trompons	**nous**	appelons
	vous	**vous**	trompez	**vous**	appelez
	ils/elles	**se**	trompent	**s'**	appellent

Die Reflexivpronomen me, te, se werden vor Vokal und stummem h zu m', t', s' verkürzt.

Promène-**toi**.	Geh spazieren.
Promenons-**nous**.	Gehen wir spazieren.
Promenez-**vous**.	Geht/Gehen Sie spazieren.

Beim bejahten Imperativ heißt das Reflexivpronomen der Singularform **toi** statt **te**.

1 Die reflexiven Verben im passé composé

Reflexive Verben bilden die zusammengesetzten Zeiten mit dem Hilfsverb être.

Elle s'**est** lavée.	Sie hat sich gewaschen.
Ils se **sont** habillés.	Sie haben sich angezogen.

Das Partizip Perfekt wird dem Subjekt angeglichen, wenn das Reflexivpronomen direktes Objekt ist.

Elle s'est lavé**e**.
(Wen oder was hat sie gewaschen? Sich = direktes Objekt)

Ist das Reflexivpronomen aber indirektes Objekt, wird das Partizip Perfekt dem Subjekt nicht angeglichen.

> Elle s'est lavé les mains.
> Sie hat sich die Hände gewaschen.
> (Wen oder was hat sie gewaschen? Die Hände = direktes Objekt)
> (Wem hat sie die Hände gewaschen? Sich = indirektes Objekt)

2 | Reflexives Verb oder nicht?

Nicht jedes französische reflexive Verb hat im Deutschen auch eine reflexive Entsprechung, z. B.:

s'appeler	heißen	se lever	aufstehen
s'arrêter	stehen bleiben	se marier	heiraten
se baigner	baden	se méfier de qn/qc	jdm/etw. misstrauen
se douter de qc	etw. ahnen	se noyer	ertrinken
s'en aller	fortgehen	se réaliser	wahr werden
s'endormir	einschlafen	se réveiller	wach werden
s'enfuir	fliehen	se taire	schweigen

Umgekehrt entspricht auch nicht jedem deutschen reflexiven Verb ein französisches reflexives Verb, z. B.:

sich bewegen	bouger	sich verändern	changer
sich schämen	avoir honte	sich verdoppeln	doubler
sich scheiden lassen	divorcer	sich Zeit lassen	prendre son temps

Die Negation

76 Einleitung

Sätze können bejaht (Elle travaille.) oder verneint (Elle ne travaille pas.) sein.

Im Französischen gibt es mehrere Verneinungswörter:

ne … pas, ne … plus, ne … jamais	nicht, nicht mehr, nie
ne … personne, ne … rien	niemand, nichts
ne … ni … ni	weder … noch (die doppelte Verneinung)
ne … que	nur, erst (die Einschränkung)

77 Die Verneinung mit *ne … pas, ne … plus, ne … jamais*

1 Formen

Im Französischen besteht die Verneinung aus zwei Teilen:

Sophie **ne** travaille **pas**.	ne … pas
Sophie arbeitet nicht.	
Sophie **ne** travaille **plus**.	ne … plus
Sophie arbeitet nicht mehr.	
Sophie **ne** travaille **jamais**.	ne … jamais
Sophie arbeitet nie.	

ne stellen Sie vor die konjugierte Form des Verbs, pas/plus/jamais dahinter, sodass das Verb wie von einer Klammer umschlossen ist. Deshalb spricht man auch von der „Verneinungsklammer".

Vor Vokal und stummem h apostrophieren Sie ne zu n'.

N'utilisez pas cet ascenseur.	Benutzen Sie/Benutzt diesen Fahrstuhl nicht.
Elle **n'**habite pas ici.	Sie wohnt nicht hier.

ne … pas können Sie mit du tout, non plus und encore verstärken.

Monique **n'**aime **pas du tout** la musique pop.	Monique mag Popmusik überhaupt nicht.
Elle **n'**aime **pas non plus** le rap.	Sie mag Rap auch nicht.
Je **n'**ai **pas encore** mangé à la cantine.	Ich habe noch nicht in der Kantine gegessen.

ne ... plus können Sie mit **jamais** und
du **tout** verstärken.

> Je **ne** ferai **plus jamais** la vaisselle!
> Ich werde **nie wieder** abwaschen!

> Il **n'a plus du tout** envie de travailler.
> Er hat **überhaupt keine** Lust **mehr** zu
> arbeiten.

Im gesprochenen Französisch hören Sie häufig Sätze, in denen das **ne** weggelassen wird. Beim Schreiben dürfen Sie das **ne** aber keinesfalls weglassen.

> C'est **pas** vrai.   Das ist nicht wahr.

> Elle t'écoute **plus**.   Sie hört dir nicht mehr zu.

> Il danse **jamais**.   Er tanzt nie.

· *Er redet nicht mehr mit mir. – Das ist nicht wahr!* · *Er schaut mich nicht einmal an.*

2 | **Die Stellung der Verneinungswörter** *ne ... pas*, *ne ... plus*, *ne ... jamais*

In den einfachen Zeiten (Präsens, *imparfait*, *futur simple* usw.) umschließt die Verneinungsklammer das Verb.

> Jérôme **ne** lit **pas**.   Jérôme liest nicht.

> À l'école, il **n'**allait **pas** à la   In der Schule ging er nicht in die Kantine.
> cantine.

> Il **ne** viendra **pas** à la réunion.   Er wird nicht zur Sitzung kommen.

In den zusammengesetzten Zeiten (*passé composé*, *futur composé*, Plusquamperfekt usw.) umschließt die Verneinungsklammer das Hilfsverb.

| Il **ne** va **pas** venir demain. | Er wird morgen nicht kommen. |
| Elle **n'**avait **pas** pris de vacances. | Sie hatte keinen Urlaub genommen. |

In Sätzen mit Modalverben umschließt die Verneinungsklammer das Modalverb. Bei Inversionsfragen umschließt die Verneinungsklammer das Verb mit dem nachgestellten Subjektpronomen.

| Il **ne** peut **pas** venir. | Er kann nicht kommen. |
| **N'**a-t-il **pas** téléphoné? | Hat er nicht angerufen? |

Reflexivpronomen, Objektpronomen, **y** und **en** stehen innerhalb der Verneinungsklammer.

Ausnahme: Im *futur composé* und in Sätzen mit Modalverben stehen die Pronomen vor dem Infinitiv und deshalb außerhalb der Verneinungsklammer.

Ils	**ne**	se	promènent	**pas**.	
					Sie gehen nicht spazieren.
Elle	**ne**	lui	téléphone	**plus**.	
					Sie ruft ihn/sie nicht mehr an.
Je	**n'**	y	vais	**pas**.	
					Ich gehe/fahre nicht dorthin.
Il	**n'**	en	prend	**plus**.	
					Er nimmt davon nichts mehr.
Il	**ne**		veut	**plus**	se promener.
					Er möchte nicht mehr spazieren gehen.
Elle	**ne**		va	**plus**	lui téléphoner.
					Sie wird ihn/sie nicht mehr anrufen.

Wollen Sie einen Infinitiv verneinen, so stellen Sie die Verneinungswörter zusammen vor den Infinitiv.

Ne pas ouvrir la porte, s.v.p.	Bitte die Tür nicht öffnen.
Ne pas se pencher dehors.	Nicht hinauslehnen.
Il vaut mieux **ne pas** le dire.	Es ist besser, das nicht zu sagen.

78 Die Verneinung mit *ne … personne, ne … rien, ne … aucun*

Diese Verneinungswörter können als Subjekt oder als Ergänzung im Satz verwendet werden.

1 Verwendung als Subjekt

Sind **personne, rien** oder **aucun** Subjekt des Satzes, so stellen Sie diese Verneinungswörter zusammen mit **ne** vor das Verb.

Personne n'est venu.	Niemand ist gekommen.
Rien ne s'est passé.	Nichts ist passiert.

aucun ist veränderlich und wird dem Geschlecht des Nomens angepaßt, das es vertritt. (Hier: la photo = aucune)

J'ai regardé les photos.	Ich habe die Fotos angeschaut.
Aucune ne m'a plu.	Keins hat mir gefallen.

2 Verwendung als Ergänzung

Als Ergänzungen bilden diese Verneinungswörter eine Klammer genauso wie **ne … pas, ne … plus, ne … jamais.** (► NR. 77)
personne und **rien** können Sie auch mit Präpositionen kombinieren.

Je **ne** vois **personne**.	Ich sehe niemanden.
Je **ne** parle **à personne**.	Ich spreche mit niemandem.
Je **ne** fais **rien**.	Ich mache nichts.
Je **ne** pense **à rien**.	Ich denke an nichts.

Als Ergänzung kann **aucun** nicht alleine stehen. Es wird von einer **de**-Ergänzung oder dem Pronomen **en** begleitet.

Il **n'**achète **aucun de** ces CD.	Er kauft keine dieser CDs.
Il **n'en** achète **aucun**.	Er kauft keine davon.

3 | Die Stellung von *ne ... rien*

ne ... rien umschließt die konjugierte Form des Verbs.

| Elle | n' | a | | rien | entendu. | Sie hat nichts verstanden. |

| Elle | ne | veut | rien | faire. | Sie will nichts machen. |

In Verbindung mit einer Präposition steht **rien** aber hinter dem Partizip oder Infinitiv.

Il **ne** s'est souvenu **de rien**.   Er hat sich an nichts erinnert.

Il **ne** veut penser **à rien**.   Er will an nichts denken.

rien können Sie mit **du tout** verstärken. In den einfachen Zeiten (Präsens, *imparfait* usw.) stellen Sie **rien** und **du tout** zusammen hinter das Verb.

Je **ne** vois **rien du tout**.
Ich sehe gar nichts.

In den zusammengesetzten Zeiten und in Sätzen mit Modalverben steht das Partizip bzw. Infinitiv zwischen **rien** und **du tout**.

Il **n'a rien** fait **du tout**.   Er hat gar nichts gemacht.

Il **ne** veut **rien** faire **du tout**.   Er will gar nichts machen.

4 | Die Stellung von *ne ... personne* und *ne ... aucun*

In den zusammengesetzten Zeiten stellen Sie **personne** und **aucun** hinter das Partizip.

Je **n'**ai vu **personne**.   Ich habe niemanden gesehen.

Il **n'**a lu **aucun** de ces dossiers.   Er hat keine dieser Akten gelesen.

In Sätzen mit Modalverben stellen Sie **personne** und **aucun** hinter den Infinitiv.

Elle **ne** veut rencontrer **personne**.   Sie möchte niemanden treffen.

Elle **ne** veut lire **aucun** de ces dossiers.   Sie möchte keine dieser Akten lesen.

In der Inversionsfrage können Sie Verb und nachfolgendes Subjektpronomen nicht voneinander trennen. Das Subjektpronomen steht deshalb **immer** innerhalb der Verneinungsklammer.

⚠️ **Ne** va-t-il **rien** faire?   Wird er nichts machen?

Pourquoi **ne** parle-t-elle **à personne**?   Warum spricht sie mit niemandem?

N'avez-vous écouté **aucun** de ces CD?   Haben Sie/Habt ihr keine dieser CDs gehört?

79   **Gebrauch der Verneinungswörter in positiver Bedeutung**

Einige Verneinungswörter können Sie, anders als im Deutschen, mit positiver Bedeutung verwenden. Sie verwenden sie dann ohne ne.

C'est le plus beau roman que j'aie **jamais** lu.   Das ist der schönste Roman, den ich jemals gelesen habe.

Si **jamais** je l'attrape …   Wenn ich ihn/sie jemals erwische …

C'est fini **à tout jamais**.   Es ist für immer zu Ende.

Vous le savez mieux que **personne**.   Sie wissen/Ihr wisst das besser als irgendein anderer.

Est-ce que vous avez **aucune** idée?   Haben Sie/Habt ihr irgendeine Idee?

In einem verneinten französischen Satz verwenden Sie im Unterschied zum Deutschen die verneinten unbestimmten Pronomen.

Elle **n'**a **jamais rien** entendu d'aussi bête.   Sie hat nie etwas so Dummes gehört.

Elle **ne** parlera **jamais** de cette rencontre **à personne**.   Sie wird über diese Begegnung nie mit jemandem sprechen.

Personne ne comprendra **jamais** sa peur.   Niemand wird je ihre/seine Angst verstehen.

80 | Die Verneinung nur mit *pas*

Wenn Sie nur einen Satzteil und nicht den ganzen Satz verneinen wollen, lassen Sie ne weg und stellen pas vor den Satzteil, den Sie verneinen wollen.

Elle est suisse, **pas** italienne.	Sie ist Schweizerin, nicht Italienerin.
Je travaille dans un bureau **pas** loin du centre.	Ich arbeite in einem Büro, das nicht weit vom Zentrum ist.
Nous partons aujourd'hui, **pas** demain.	Wir fahren heute ab, nicht morgen.

81 | Die Verneinung nur mit *ne*

Mit einigen Verben steht häufig nur die Verneinung mit ne, ohne pas.

cesser de	Il **ne** cesse de parler.	Er hört nicht auf zu reden.
oser	Elle **n'**ose prendre la parole.	Sie traut sich nicht, das Wort zu ergreifen.
pouvoir	Il **ne** peut leur pardonner.	Er kann ihnen nicht verzeihen.
savoir	Je te l'ai expliqué je **ne** sais combien de fois!	Ich weiß nicht, wie oft ich es dir schon erklärt habe!

Je te l'ai expliqué je ne sais combien de fois!

Auch in folgenden festen Wendungen steht ne immer alleine:

N'importe qui	irgendwer
Si je **ne** me trompe …	Wenn ich mich nicht irre …

82 **Die Verneinung mit** *ne … ni … ni*

Die Verneinung ne … ni … ni (weder … noch) besteht aus drei Teilen. ne steht vor der konjugierten Form des Verbs, ni vor den Satzteilen, die Sie verneinen wollen.

Elle n'est ni blonde ni brune.	Sie ist weder blond noch brünett.
Elle n'aime ni le sport ni les promenades.	Sie mag weder Sport noch Spaziergänge.
Ni Luc ni Marie ne connaissent le Portugal.	Weder Luc noch Marie kennen Portugal.

Wenn Sie zwei Verben verneinen wollen, stellen Sie vor das erste Verb ne und vor das zweite Verb ni ne.

Elle ne veut ni ne peut participer à ce cours.	Sie will und kann nicht an diesem Kurs teilnehmen.

Im gesprochenen Französisch hören Sie häufig statt ne … ni … ni Verneinungen mit ne … pas … non plus oder ne … pas … ni.

Luc ne connaît pas le Portugal. Marie non plus.	Luc kennt Portugal nicht. Marie auch nicht.
Elle n'aime pas le sport ni les promenades.	Sie mag weder Sport noch Spaziergänge.

In festen Redewendungen wird ne … ni … ni aber sehr häufig verwendet.

Ne dire ni oui ni non.	Weder ja noch nein sagen.
Je ne connais ni l'un ni l'autre.	Ich kenne weder den einen noch den anderen/die andere.

⚠	• Tu as du café et du chocolat?	Hast du Kaffee und Schokolade?
	− Je n'ai ni café ni chocolat.	Ich habe weder Kaffee noch Schokolade.

In einem verneinten Satz steht nach ni kein Teilungsartikel.

83 Die Einschränkung mit *ne ... que*

Mit **ne ... que** können Sie Einschränkungen ausdrücken. **ne ... que** entspricht im Deutschen „nur" und „erst". **ne** steht vor der konjugierten Form des Verbs, **que** vor dem Satzteil, den Sie einschränken wollen.

Elle **ne** m'écrit **qu'**une fois par an.	Sie schreibt mir **nur** einmal im Jahr.
Il **n'**y a **qu'**un métier qui l'intéresse: journaliste.	Es gibt **nur** einen Beruf, der sie /ihn interessiert: …
Je **ne** voudrais manger **qu'**une salade.	Ich möchte **nur** einen Salat essen.
Il **n'**a **que** 17 ans.	Er ist **erst** 17 Jahre alt.
Il **n'**arrive **qu'**à 8 heures.	Er kommt **erst** um 8 Uhr.

Ein Subjekt oder ein Verb können Sie allerdings nicht mit **ne ... que** einschränken. Ein Subjekt können Sie mit **seul/e** oder der Umschreibung **il n'y a que** + Nomen + **qui** + Verb im *subjonctif* einschränken.

Seul Daniel peut venir.	Nur Daniel kann kommen.
Il n'y a que Daniel **qui** puisse venir.	

Ein Verb können Sie mit **seulement** oder mit der Umschreibung **ne faire que** + Verb im Infinitiv einschränken.

Il regarde **seulement**.	Er guckt nur.
Il **ne fait que** regarder.	

 Verwechseln Sie nicht:

Seul Frédéric travaille.	**Nur** Frédéric arbeitet.	Hier bezieht sich seul auf **Frédéric**.
Frédéric travaille **seul**.	Frédéric arbeitet **alleine**.	Hier bezieht sich seul auf **travaille**.

Merken Sie sich folgende feste Wendungen mit **ne ... que**:

Tu n'as qu'à écrire.	Du brauchst nur zu schreiben.
Il ne me reste qu'à partir.	Es bleibt mir nichts anderes übrig als zu gehen.
Il ne pense qu'à faire des bêtises.	Er hat nichts anderes als Dummheiten im Kopf.

84 Die Formen der Präpositionen

Präpositionen (z. B. über, unter, vor) bezeichnen das Verhältnis von Personen oder Dingen zueinander und heißen deshalb auf Deutsch auch Verhältniswörter. Es gibt Präpositionen, die aus einem Wort bestehen.

à	avec	dans	sur	entre	parmi
zu/in/nach	mit	in	auf/über	zwischen	unter

avant	après	chez	de	devant	hors
vor	nach	bei	von	vor	außerhalb

sous	contre	derrière	en	jusque	dès
unter	gegen	hinter	in/an	bis	seit

Und es gibt präpositionale Ausdrücke, die aus mehreren Wörtern bestehen.

à cause de	à gauche de	au-dessous de	grâce à
wegen	links	unter	dank

à côté	à partir de	en dehors de	jusqu'à
neben	ab	außer(halb)	bis zu

à droite de	à travers	en face de	loin de
rechts	durch	gegenüber	weit von

Die Präpositionen **à** und **de** müssen – auch wenn sie Teil eines präpositionalen Ausdrucks sind – mit den nachfolgenden bestimmten Artikeln **le** oder **les** zusammengezogen werden.

	Il va	**au**	zoo.	Er geht in den Zoo.
	Le zoo se trouve	**près du**	parc.	Der Zoo befindet sich nahe des Parkes.
	Pierre va	**jusqu'au**	zoo.	Pierre geht bis zum Zoo.
Aber:				
	Il va	**à l'**	école.	Er geht zur Schule.
	Elle se trouve	**près de l'**	église.	Sie befindet sich nahe der Kirche.
	Ils vont	**jusqu'à la**	gare.	Sie gehen/fahren bis zum Bahnhof.

Mit den bestimmten Artikeln **la** oder **l'** werden **à** und **de** nicht zusammengezogen. (Der zusammengezogene Artikel ► Nr. 8.2)

Außer **à** und **de** sind alle anderen Präpositionen unveränderlich.

85 Die Verwendung der Präpositionen

Mit Hilfe von Präpositionen können Sie:

Il chante depuis des heures. Er singt seit Stunden.	… seit Stunden	eine Zeitdauer,
Elle est née au mois de mai. Sie ist im Mai geboren.	… im Mai	einen Zeitpunkt,
Il habite à Marseille. Er wohnt in Marseille.	… in Marseille	einen Ort,
Elle va à Bordeaux. Sie geht/fährt nach Bordeaux.	… nach Bordeaux	eine Richtung,
Elle a fait cela à la main. Sie hat das mit der Hand gemacht.	… mit der Hand	das Mittel,
Nous rentrons à cause de la pluie. Wir gehen wegen des Regens nach Hause.	… wegen des Regens	einen Grund,
La chaise est en bois. Der Stuhl ist aus Holz.	… aus Holz	das Material angeben.

Après <u>avoir</u> rangé l'appartement, il sort.	Nachdem er die Wohnung aufgeräumt hat, geht er raus.
Avant de <u>sortir</u>, il téléphone à son ami.	Bevor er rausgeht, ruft er seinen Freund an.

Die Präpositionen **avant de, après, pour,** und **sans** können Sie auch vor Infinitiven verwenden. Diese französischen Infinitivkonstruktionen übersetzen Sie mit einem Nebensatz ins Deutsche.

Il sort **pour faire les courses.**	Er geht raus, um einkaufen zu gehen.
Il est parti **sans prendre d'argent.**	Er ist gegangen, ohne Geld mitzunehmen.

86 Der Gebrauch einiger Präpositionen

Hier finden Sie die häufigsten Präpositionen und ihren Gebrauch.

1. So können Sie einen Ort angeben (Frage: Wo?):

à la campagne	**auf** dem Land
à la maison	**zu** Hause
à Paris	**in** Paris
à côté de l'école	**neben** der Schule
à droite de / à gauche de la piscine	**rechts/links vom** Schwimmbad
au milieu de la ville	**inmitten** der Stadt
autour de la ville	**um** die Stadt **herum**
chez Valérie	**bei** Valérie
dans la cuisine	**in** der Küche
dans la rue	**auf** der Strasse
de Paris/France	**aus** Paris/Frankreich
de Metz **à** Nancy	**von** Metz **bis** Nancy
derrière la maison	**hinter** dem Haus
devant la maison	**vor** dem Haus
en France/Normandie	**in** Frankreich / **in** der Normandie
en ville	**in** der Stadt
entre Grenoble **et** Annecy	**zwischen** Grenoble **und** Annecy
loin de Paris	**weit von** Paris

près de l'école	**in der Nähe** der Schule
sous la table	**unter** dem Tisch
sur la chaise	**auf** dem Stuhl
sur la Loire	**an** der Loire

2. So können Sie eine Richtung angeben (Frage: Wohin?):

à l'école	**in** die Schule
à la gare	**zum** Bahnhof
à la maison	**nach** Hause
à Paris	**nach** Paris
au Portugal	**nach** Portugal
chez Valérie	**zu** Valérie
dans la cuisine	**in** die Küche
en France	**nach** Frankreich
jusqu'à la cathédrale	**bis zur** Kathedrale
sur Paris	**Richtung** Paris
vers Fabien	**auf** Fabien **zu**

3. So können Sie einen Zeitpunkt angeben (Frage: Wann?):

à deux heures	**um** zwei Uhr
à demain	**bis** morgen
à Noël	**an/zu** Weihnachten
à midi	mittags
à 12 ans	**im Alter von** 12 Jahren
à partir de lundi	**ab** Montag / **von** Montag **an**
après Noël	**nach** Weihnachten
au printemps	**im** Frühling
au 15ᵉ siècle	**im** 15. Jahrhundert
avant le repas	**vor** dem Essen
dans 20 minutes	**in** 20 Minuten
dès 1987	**seit** 1987 / **von** 1987 **an**

en mars	**im** März
en été	**im** Sommer
en 1989	(**im** Jahre) 1989
entre 2 **et** 3 heures	**zwischen** 2 und 3 Uhr
il y a 2 mois	**vor** 2 Monaten
jusqu'à 5 heures	**bis** 5 Uhr
vers 6 heures	**gegen** 6 Uhr

4. So können
Sie eine Zeitdauer
angeben
(Frage: Wie lange?):

à 2 minutes **d'ici**	2 Minuten **von** hier
de 3 **à** 5	**von** 3 **bis** 5
depuis une heure	**seit** einer Stunde
en 10 minutes	**in/innerhalb von** 10 Minuten
pendant une heure	eine Stunde **lang**
pendant les vacances	**während** der Ferien
pour 2 ans	**für** 2 Jahre / 2 Jahre **lang**

5. So können
Sie ein Mittel
angeben
(Frage: Womit?):

à pied/vélo	**zu** Fuß / **mit** dem Fahrrad
à la main	**mit** der Hand
au crayon	**mit** einem Bleistift
avec un marteau	**mit** einem Hammer
en voiture/bus/train	**mit** dem Auto/Bus/Zug/
avion/bateau	Flugzeug/Schiff

6. So können
Sie ein Material
angeben
(Frage: Woraus?):

de/en soie/laine/bois/verre	**aus** Seide/Wolle/Holz/Glas

7. So können
Sie einen Grund
angeben
(Frage: Weswegen?):

à cause de l'école	**wegen** der Schule
de faim/soif/froid/fatigue	**vor** Hunger/Durst/Kälte/Müdigkeit
grâce à ma sœur	**dank** meiner Schwester
malgré la maladie	**trotz** der Krankheit
par amour/pitié/expérience	**aus** Liebe/Mitleid/Erfahrung

Die Konjunktionen

87 Einleitung

Konjunktionen sind Bindewörter, die Satzteile oder Sätze miteinander verbinden.

Es gibt zwei Arten von Konjunktionen:

Le cours est facile **et** intéressant.
Der Kurs ist leicht und interessant.

nebenordnende Konjunktionen
und

Je suis sûr **que** je vais y retourner.
Ich bin sicher, dass ich dorthin zurückkehren werde.

unterordnende Konjunktionen.

88 Nebenordnende Konjunktionen

Mit nebenordnenden Konjunktionen verbinden Sie Wörter, Satzteile oder Sätze gleicher Art miteinander, z. B.:

La maison est grande **et** belle.
Das Haus ist groß und schön.

zwei Adjektive

Il joue au foot **et** au volley-ball.
Er spielt Fußball und Volleyball.

zwei Ergänzungen

Julien travaille **et** Cécile prépare la réunion.
Julien arbeitet und Cécile bereitet die Sitzung vor.

zwei Hauptsätze

Die nebenordnenden Konjunktionen werden im Wesentlichen wie im Deutschen verwendet. Im Französischen gibt es folgende nebenordnende Konjunktionen:

1. Konjunktionen, mit denen Sie etwas aufzählen können:

Mme Nollet travaille dans le jardin **et** und
M. Nollet bricole.
Frau Nollet arbeitet im Garten und
Herr Nollet bastelt.

Non seulement Patrick est paresseux, nicht nur
mais encore il dépense tout son argent. sondern auch
Patrick ist nicht nur faul,
sondern er gibt auch sein ganzes Geld aus.

2. Konjunktionen, mit denen Sie eine zeitliche Reihenfolge angeben können:

D'abord, il range ses affaires. zuerst
Zuerst räumt er seine Sachen auf.

Ensuite, il lit son courrier, dann
puis il a une réunion. danach
Dann liest er seine Post,
danach hat er eine Sitzung.

Après cela, il répond aux lettres. danach
Danach beantwortet er die Briefe.

Enfin/Finalement, il appelle ses clients. endlich/schließlich
Schließlich/Endlich ruft er seine Kunden an.

3. Konjunktionen, mit denen Sie etwas begründen oder folgern können:

Il vaut mieux prendre le métro, **car** il y a de denn
plus en plus d'embouteillages au centre
ville.
Es ist besser die U-Bahn zu nehmen, denn es gibt
immer mehr Stau im Stadtzentrum.

En effet, la circulation est trop dense. in der Tat, nämlich
In der Tat herrscht zu dichter Verkehr.

Par conséquent/Donc, tout le monde est pressé.   folglich/also
Folglich sind alle in Eile.

C'est pourquoi Pierre a acheté un vélo.   deshalb
Deshalb hat Pierre ein Fahrrad gekauft.

Ainsi, il espère éviter les embouteillages.   so
So hofft er, den Stau zu vermeiden.

Aussi sera-t-il moins pressé le matin.   folglich/daher
Daher wird er es morgens weniger eilig haben.

 aussi (= daher) muss am Satzanfang stehen, da es sonst mit **aussi** (= auch) verwechselt werden könnte. **aussi** (= daher) löst eine Inversion (Umstellung von Verb und Subjekt) aus.

4. Konjunktionen, mit denen Sie etwas entgegensetzen oder ausschließen können:

Son premier roman n'était pas long, **mais** il   aber/sondern
était très intéressant.
Sein/Ihr erster Roman war nicht lang, aber sehr interessant.

Par contre, son dernier roman était un   hingegen
peu trop long.
Hingegen sein/ihr letzter Roman war etwas zu lang.

Son dernier roman, **en revanche**, était un   hingegen
peu trop long.
Sein/Ihr letzter Roman hingegen war etwas zu lang.

Toutefois/Néanmoins, je peux vous les   gleichwohl/jedoch/
recommander tous les deux.   nichtsdestoweniger
Jedoch kann ich Ihnen/euch beide Romane empfehlen.

D'une part, il est bien à la campagne,   einerseits
d'autre part, il aimerait être plus près   andererseits
de son travail.
Einerseits fühlt er sich auf dem Lande wohl, andererseits würde er gerne näher an seiner Arbeit sein.

Malgré cela/Pourtant/Cependant,
il ne cherche pas d'appartement.
Trotzdem sucht er keine Wohnung.

trotzdem/jedoch

La soirée était quand même amusante.
Der Abend war dennoch amüsant.

trotzdem/dennoch

Je dois me dépêcher, sinon/autrement
je vais rater mon train.
Ich muss mich beeilen, sonst werde ich
meinen Zug verpassen.

sonst

Ou/soit on va au cinéma ou/soit on
va prendre un verre avec les Martin.
Entweder gehen wir ins Kino oder
wir gehen mit den Martins etwas
trinken.

entweder … oder

Il ne veut ni travailler ni étudier.
Er will weder arbeiten noch studieren.

weder … noch

5. Konjunktionen, mit denen Sie vergleichen können:

Plus je regarde le prospectus, plus j'ai
envie de partir.
Je mehr ich mir den Prospekt anschaue, desto
mehr bekomme ich Lust zu fahren.

je mehr …, desto mehr

Moins il pense à sa santé, moins il est
malade.
Je weniger er über seine Gesundheit nach-
denkt, desto weniger krank ist er.

je weniger …, desto weniger

Plus je pense aux vacances, moins j'ai
envie de rester ici.
Je mehr ich an die Ferien denke, desto weniger
habe ich Lust, hier zu bleiben.

je mehr …, desto weniger

Moins tu y penses, mieux ce sera.
Je weniger du daran denkst, umso besser
(ist es).

je weniger …, umso besser

89 Unterordnende Konjunktionen

Unterordnende Konjunktionen stehen am Anfang eines Nebensatzes und verbinden ihn mit dem Hauptsatz – dem übergeordneten Satz. Nach einigen unterordnenden Konjunktionen müssen Sie im Nebensatz den *subjonctif* verwenden.

1. Die am häufigsten gebrauchte unterordnende Konjunktion ist **que** (dass):

Pierre dit qu'il vient. Pierre sagt, dass er kommt.	**que** leitet die indirekte Rede ein.
Je suis sûre que Pierre viendra. Ich bin sicher, dass Pierre kommen wird.	Im Nebensatz mit **que** kann der Indikativ (hier *futur simple*) stehen.
Il regrette que Brigitte soit malade. Er bedauert, dass Brigitte krank ist.	Im Nebensatz mit **que** kann – nach bestimmten Auslösern – der *subjonctif* stehen.
Elle dit qu'elle voudrait rentrer. Sie sagt, dass sie gerne nach Hause kommen würde.	Im Nebensatz mit **que** kann in der indirekten Rede das *conditionnel* stehen.
Il a volé la voiture sans que personne l'ait remarqué. Er hat das Auto gestohlen, ohne dass es jemand bemerkt hat.	Nach **sans que** (ohne dass) steht aber immer der *subjonctif*.

2. Unterordnende Konjunktionen, mit denen Sie zeitliche Beziehungen angeben können:

Quand elle est arrivée, elle ne m'a pas reconnu. Als sie angekommen ist, hat sie mich nicht erkannt.	als	quand/lorsque + *passé composé* = als
Lorsqu'elle m'a reconnu, elle m'a dit bonjour. Als sie mich erkannt hat, hat sie mich begrüßt.	als	

Quand il fait beau, nous nous promenons au parc. Immer wenn es schön ist, gehen wir im Park spazieren.	(immer) wenn	quand/ lorsque + Präsens = wenn
Lorsque nous allons jusqu'au bord du lac, nous nous y reposons un peu. Immer wenn wir bis zum Ufer des Sees gehen, ruhen wir uns dort ein bisschen aus.	(immer) wenn	
Pendant que nous nous promenons, les enfants ne font rien. Während wir spazieren gehen, machen die Kinder nichts.	während	
Je suis rentrée **au moment où** le téléphone a sonné. In dem Augenblick, als ich nach Hause gekommen bin, hat das Telefon geklingelt.	in dem Augenblick, als	
Depuis qu'il travaille seul, il travaille mieux. Seit er alleine arbeitet, arbeitet er besser.	seit	
Il a eu une carte bancaire **avant que** ce **soit** la mode. Er hatte schon eine Bankkarte, bevor es Mode war.	bevor	avant que + *subjonctif*
Il retire de l'argent avec sa carte **jusqu'à ce qu'**il **ait** des problèmes. Er zieht mit der Karte solange Geld, bis er Probleme hat.	(solange) bis	jusqu'à ce que + *subjonctif*
En attendant qu'il **vienne**, nous avons raconté des histoires drôles. Bis er kam, haben wir uns lustige Geschichten erzählt.	(in der Zeit) bis	en attendant que + *subjonctif*

3. Unterordnende Konjunktionen, mit denen Sie eine Begründung geben können:

Il habite ici **parce que** c'est moins cher.　　　weil
Er wohnt hier, weil es billiger ist.

Comme il veut gagner la compétition, il　　　da
s'entraîne beaucoup.
Da er den Wettkampf gewinnen will, trainiert
er viel.

L'appartement est encore vide, **puisqu'**il　　　da, weil
est trop cher.
Die Wohnung ist noch leer, da sie zu teuer ist.

4. Unterordnende Konjunktionen, mit denen Sie eine gewünschte Wirkung ausdrücken können:

J'ai déjà tout préparé pour demain matin, **pour qu'**on **puisse** partir très tôt. Ich habe für morgen früh bereits alles vorbereitet, damit wir sehr früh fahren können.	damit	pour que + *subjonctif*
Elle lui donne de l'argent, **afin qu'**il **vienne** en taxi. Sie gibt ihm Geld, damit er mit dem Taxi kommen kann.	damit	afin que + *subjonctif*
Parlez plus haut **de sorte qu'**on **puisse** vous comprendre. Sprechen Sie lauter so, dass man sie verstehen kann.	sodass	de sorte que + *subjonctif*
Écris **de manière qu'**on **puisse** lire ton écriture! Schreib so, dass man deine Schrift lesen kann!	sodass	de manière que + *subjonctif*
Il explique le problème **de façon que** tout le monde **comprenne**. Er erklärt das Problem so, dass es alle verstehen.	sodass	de façon que + *subjonctif*

Aber:

> Il explique le problème **de façon qu'**on le **comprend** tout de suite.
> Er erklärt das Problem so, dass man es sofort versteht.

> Elle chante **de façon qu'**on **comprend** tout le texte.
> Sie singt das Lied so, dass man den ganzen Text versteht.

Nach **de sorte que, de façon que** und **de manière que** verwenden Sie den *subjonctif*, wenn Sie eine gewünschte Wirkung ausdrücken wollen. Wollen Sie eine tatsächliche (schon eingetretene) Wirkung oder Folge schildern, verwenden Sie den Indikativ.

5. Unterordnende Konjunktionen, mit denen Sie einen Gegensatz ausdrücken können:

Malgré qu'elle **fasse** trop, elle ne se plaint jamais. Obwohl sie zu viel macht, beschwert sie sich nie.	obwohl	malgré que + *subjonctif*
Elle sort le soir, **bien que** ses parents **soient** contre. Sie geht abends aus, obwohl ihre Eltern dagegen sind.	obwohl	bien que + *subjonctif*
Ils n'arrêtent pas de discuter, **quoique** nous **ayons** déjà trouvé une solution. Sie hören nicht auf zu diskutieren, obwohl wir bereits eine Lösung gefunden haben.	obwohl	quoique + *subjonctif*
Georges est un bon cuisinier, **tandis que** son fils ne l'est pas. Georges ist ein guter Koch, wohingegen sein Sohn es nicht ist.	obwohl/ wohingegen	

6. Unterordnende Konjunktionen, mit denen Sie eine Bedingung ausdrücken können:

Si tu viens, je te montrerai les photos. Wenn du kommst, werde ich dir die Fotos zeigen.	wenn	Bedingungssatz (► NR. 96.3)

Je te prête ma voiture, **à condition que** tu me la **rendes** demain.	unter der Bedingung, dass	à condition que + *subjonctif*
Ich leihe dir mein Auto unter der Bedingung, dass du es mir morgen zurückbringst.		
Au cas où elle ne **voudrait** pas rentrer seule, va la chercher.	im Falle, dass	au cas où + *conditionnel*
Im Falle, dass sie nicht alleine nach Hause gehen möchte, hol sie ab.		
À supposer que vous **perdiez** la clé, il y en a une autre dans la boîte à lettres.	angenommen, dass	à supposer que + *subjonctif*
Angenommen, (dass) Sie/ihr den Schlüssel verlieren/verliert, gibt es einen anderen im Briefkasten.		
Pourvu qu'ils ne **fassent** pas trop de désordre, ils peuvent jouer ici.	vorausgesetzt, dass	pourvu que + *subjonctif*
Vorausgesetzt, dass sie nicht zu viel Unordnung machen, können sie hier spielen.		

Der Satz

90 Der Satz und seine Bestandteile

Ein vollständiger Satz besteht aus einem Subjekt und einem Prädikat.

Subjekt	Prädikat	Subjekt	Prädikat
Pierre	travaille.	Les élèves	aprennent le français.
Pierre arbeitet.		Die Schüler lernen Französisch.	

1 Das Subjekt

Das Subjekt eines Satzes kann ein einzelnes Wort, es können aber auch Wortgruppen oder Sätze sein:

Christine fait du sport.   ein Eigenname,
Christine treibt Sport.

Il aime lire.   ein Subjektpronomen,
Er liest gern.

Les filles vont danser.
Die Mädchen gehen tanzen.

ein Nomen mit Begleiter,

Voyager est très agréable.
Reisen ist sehr angenehm.

ein Infinitiv,

Ce qu'il m'a dit ne me plaît pas.
Was er mir gesagt hat, gefällt mir nicht.

ein Nebensatz.

2 | Das Prädikat

Das Prädikat eines Satzes besteht aus einem Verb oder aus einem Verb mit
Ergänzung(en).

Subjekt	Prädikat		
	Verb	Ergänzung(en)	
Alain	travaille.		Alain arbeitet.
Sylvie	écrit	un livre.	Sylvie schreibt ein Buch.
Martine	habite	à Paris (chez sa sœur).	Martine wohnt in Paris (bei ihrer Schwester).
Bernadette	est	gentille.	Bernadette ist nett.

Verben können folgende Ergänzungen haben:

Les jeunes regardent **la télé**.
Die Jugendlichen sehen fern.

ein direktes Objekt,

Elle téléphone **à Joseph**.
Sie telefoniert mit Joseph.

ein indirektes Objekt mit
einer Präposition,

Elles vont **au cinéma**.
Sie gehen ins Kino.

eine adverbiale
Bestimmung,

J'aime **nager**.
Ich schwimme gern.

eine Infinitivergänzung.

1. Das direkte Objekt heißt so, weil es direkt, das heißt ohne eine Präposition, an das Verb angeschlossen ist. Direkte Objekte können ein einzelnes Wort, Wortgruppen oder Sätze sein:

Paul achète **un cadeau**.   ein Nomen mit Begleiter,
Paul kauft ein Geschenk.

Thierry rencontre **Hervé**.   ein Eigenname,
Thierry trifft Hervé.

Il **le** rencontre.   ein direktes Objekt-
Er trifft ihn.   pronomen,

Elle cherche **ce qu'elle a perdu hier**.   ein Nebensatz.
Sie sucht, was sie gestern verloren hat.

2. Das indirekte Objekt schließen Sie mit einer Präposition – meistens mit à oder **de** – an das Verb an:

Indirektes Objekt kann sein:

Elle téléphone **à sa copine**.   ein Nomen mit Begleiter,
Sie telefoniert mit ihrer Freundin.

Elle parle **de Louise**.   ein Eigenname,
Sie spricht von Louise.

Elle **lui** parle.   ein indirektes Objekt-
Sie spricht zu ihr.   pronomen,

Il pense souvent **à eux**.   ein unverbundenes
Er denkt oft an sie.   Personalpronomen,

Elle pense souvent **à ce qu'elle fait**.   ein Relativsatz.
Sie denkt oft daran, was sie macht.

3. Eine adverbiale Bestimmung kann bestehen aus:

Il habite **là-bas**.   einem Adverb,
Er wohnt dort.

Bertrand habite **rue de France**.   einem Eigennamen,
Bertrand wohnt rue de France.

Elle va à la piscine.	einer Präposition und
Sie geht ins Schwimmbad.	Nomen,
Elle y va souvent.	einem Pronomen,
Sie geht oft dorthin.	
Estelle sort quand elle veut.	einem Nebensatz.
Estelle geht aus, wann sie möchte.	

Nach den adverbialen Bestimmungen im Satz fragen Sie mit Wo?, Wohin?, Wann?, Warum?, Wie?, Wie viel?, Wie oft?.

4. Eine Infinitivergänzung kann mit oder ohne Präposition an das Verb angeschlossen werden:

Elle aime nager.	Sie schwimmt gern.
Le petit garçon apprend à parler.	Der kleine Junge lernt sprechen.
Ils ont oublié de payer.	Sie haben vergessen zu bezahlen.

Eine Infinitivergänzung kann auch aus einem Infinitiv und weiteren Ergänzungen bestehen:

Ils veulent partir avec des amis.
Sie wollen mit Freunden wegfahren.
Elle apprend à lire à son petit frère.
Sie bringt ihrem kleinen Bruder das Lesen bei.

(Liste der wichtigsten Verben mit ihren Ergänzungen ► ANHANG 5)

91 Die Satzarten

Im Französischen (wie im Deutschen) werden folgende Satzarten unterschieden:

Son père a acheté un ordinateur.	Aussagesatz,
Sein/Ihr Vater hat einen Computer gekauft.	
Est-ce qu'il aime son travail?	Fragesatz,
Mag er seine Arbeit?	
Appelez-moi plus tard.	Aufforderungssatz,
Rufen Sie/Ruft mich später an.	
Quel vin extraordinaire!	Ausrufesatz.
Was für ein außerordentlicher Wein!	

92 Der Aussagesatz

1 Die Stellung von Subjekt und Verb im Aussagesatz

Die normale Stellung der Satzteile in einem Aussagesatz ist: Subjekt + Verb + Ergänzung.

Das Subjekt steht im französischen Aussagesatz immer vor dem Verb.

Von dieser Regel gibt es zwei Ausnahmen. Das Verb steht vor dem Subjekt:

«Bonjour, papa», dit-il. „Guten Tag/Morgen Papa", sagt er.	nach der direkten Rede,
Peut-être a-t-il raté son train. Vielleicht hat er seinen Zug verpasst.	nach den Adverbien peut-être (vielleicht),
Sans doute avez-vous raison. Sie haben/Ihr habt ohne Zweifel Recht.	sans doute (ohne Zweifel), à peine (kaum), aussi (so, deshalb), wenn sie am Satzanfang stehen. Das ist im Deutschen nach diesen Adverbien übrigens genauso.

Diese Umkehrung der Reihenfolge Subjekt – Verb nennt man Inversion.

2 Die Stellung der Objekte im Aussagesatz

Das Prädikat eines Satzes besteht aus einem Verb oder aus einem Verb mit einem oder mehreren Objekten.

Madame Martin achète un livre. Frau Martin kauft ein Buch.	Die direkten und die indirekten Objekte stehen im Aussagesatz nach dem Verb.
Madame Martin parle à son voisin. Frau Martin spricht mit ihrem Nachbarn.	
Madame Martin donne son livre à son voisin. Frau Martin gibt ihrem Nachbarn ihr Buch.	Das direkte Objekt steht vor dem indirekten Objekt.

Elle parle **à sa copine de son livre préféré**.
Sie spricht mit ihrer Freundin über ihr Lieblingsbuch.
Il parle **de ses projets à M. et Mme Martin**.
Er spricht mit Herrn und Frau Martin über seine Pläne.

Manche Verben können auch zwei indirekte Objekte haben. Normalerweise steht dann das à-Objekt vor dem de-Objekt. Nur wenn das à-Objekt viel länger ist als das de-Objekt, rückt das de-Objekt an die erste Stelle.

Mme Martin **l'**achète.
Frau Martin kauft es/ihn/sie.
Elle **lui** parle.
Sie spricht mit ihm/ihr.

Objektpronomen stehen vor dem Verb, auf das sie sich beziehen.

(Die Stellung der Objektpronomen und der Pronomen en und y ► Nr. 45)

3 Die Stellung der adverbialen Bestimmungen im Aussagesatz

Manche Verben können nicht alleine stehen, z. B. aller und habiter. Eine adverbiale Bestimmung kann also eine notwendige Ergänzung sein. In diesem Fall steht sie beim Verb.

Corinne va **à l'école**.   Corinne geht zur Schule.
Pierre habite **à la campagne**.   Pierre wohnt auf dem Land.

Eine adverbiale Bestimmung kann sich auch auf einen ganzen Satz beziehen:

Aujourd'hui, Corinne va à l'école.   Heute geht Corinne zur Schule.

Dann handelt es sich um eine freie Ergänzung, die auch weggelassen werden kann. Eine freie Ergänzung kann am Anfang oder am Ende des Satzes stehen. Wollen Sie in Ihrem Satz mehrere freie Ergänzungen verwenden, so können Sie diese Ergänzungen:

Le soir, **au stade**, il y a un entraînement.
Abends, im Stadion, findet ein Training statt.

zusammen an den Satzanfang

Il y a un entraînement **le soir,**
au stade.
Es findet ein Training Abends im
Stadion statt.

oder an das Satzende stellen,

Le soir, il y a un entraînement **au**
stade.
Abends findet ein Training im Stadion
statt.

oder auf Satzanfang und Satzende
verteilen.

4 | Aussagesätze mit *voilà* und *il y a*

voilà entspricht meist dem deutschen „hier ist" / „hier sind". Es ist
unveränderlich.

Voilà Jean.

Hier ist Jean.

Voilà le cadeau qu'il m'a offert.

Hier ist das Geschenk, das er mir
gemacht hat.

il y a entspricht meist dem deutschen „es gibt". il y a ist auch unveränderlich.

Dans mon quartier, **il y a** une
piscine.

In meinem Stadtviertel gibt es ein
Schwimmbad.

Il y a aussi un cinéma.

Es gibt auch ein Kino.

⚠ Verwechseln Sie nicht das unpersönliche Verb il y a (es gibt) mit der
zeitlichen Präposition il y a (vor).

Il y a beaucoup de restaurants ici.
Es gibt hier viele Restaurants.

unpersönliches Verb

Il a écrit ce livre **il y a** deux ans.
Er hat dieses Buch **vor** zwei Jahren
geschrieben.

zeitliche Präposition

5 | Segmentierte Aussagesätze

Im gesprochenen Französisch können Sie häufig Sätze hören, in denen ein Satz-
teil wiederholt wird. Diese Sätze heißen segmentierte Sätze.

Il est arrivé, **ton copain**.

Er ist angekommen, dein Freund.

Ce film, je l'ai déjà vu.

Diesen Film, den habe ich schon gesehen.

So würde der normale Aussagesatz aussehen.

Ton copain est arrivé.　　　　Dein Freund ist angekommen.
J'ai déjà vu ce film.　　　　　Ich habe diesen Film schon gesehen.

Im segmentierten Satz stellen Sie einen Satzteil (hier das Subjekt) vor oder nach den Satz und wiederholen das Subjekt durch ein Pronomen.

Ton copain, il est arrivé.

Il est arrivé, **ton copain**.

Genauso können Sie auch mit dem direkten Objekt verfahren. Das voran- oder nachgestellte direkte Objekt wiederholen Sie im Satz durch ein direktes Objektpronomen.

Ce film, je **l'**ai déjà vu.

Je **l'**ai déjà vu, **ce film**.

Auch wenn das Subjekt eines Satzes ein Pronomen ist, können Sie es in einem segmentierten Satz wiederholen. Für die Wiederholung nehmen Sie die unverbundenen Personalpronomen.

Moi, **je** voudrais aller au cinéma.
Je voudrais aller au cinéma, **moi**.　　Ich würde gern ins Kino gehen.

Lui, **il** voudrait aller danser.
Il voudrait aller danser, **lui**.　　Er würde gern tanzen gehen.

6 | Die Hervorhebung von Satzteilen

Wenn Sie im Deutschen einen Satzteil hervorheben wollen, haben Sie zwei Möglichkeiten:

Die Betonung: **Er** will tanzen gehen. (nicht ich)
Die Satzstellung: Eine Disko suchen wir. (kein Restaurant)
Im Französischen haben Sie dafür andere Möglichkeiten.

Mit **c'est … qui** können Sie das Subjekt eines Satzes hervorheben. Steht das Subjekt in der 3. Person Plural, können Sie auch **ce sont … qui** verwenden. Nach **c'est / ce sont** stehen die unverbundenen Personalpronomen. Anders als im Deutschen richtet sich das Verb im **qui**-Satz immer nach dem betonten Subjekt.

C'est Joseph	**qui** veut aller danser.	Joseph möchte tanzen gehen.
C'est lui	**qui** cherche une boîte.	Er sucht eine Diskothek.
C'est nous	**qui** le suivons.	Wir folgen ihm.
C'est / **Ce sont** Paul et Alain	**qui** veulent regarder ce film.	Paul und Alain möchten diesen Film sehen.
Mais **c'est** moi	**qui** ai acheté les billets.	Aber ich habe die Karten gekauft.

Mit **c'est … que** können Sie hervorheben:

C'est la musique **que** Christian aime.
Musik mag Christian gern.

ein direktes Objekt,

C'est / **Ce sont** les concerts de piano **qu'**il écoute tout le temps.
Klavierkonzerte hört er ständig.

(Steht das hervorgehobene Objekt im Plural, können Sie **c'est** oder **ce sont** vewenden.),

C'est à Louise **qu'**il a offert un CD.
Er hat Louise eine CD geschenkt.

ein indirektes Objekt,

C'est au restaurant **qu'**ils vont se rencontrer.
Im Restaurant werden sie sich treffen.

eine adverbiale Bestimmung,

C'est vendredi **que** la fête aura lieu.
Am Freitag findet die Party statt.

C'est en faisant du sport **qu'**il s'est fait mal.
Beim Sport hat er sich wehgetan.

ein *gérondif.*

93 Der Fragesatz

Es gibt zwei Arten von Fragen: die Entscheidungsfrage und die Teilfrage.
Auf eine Entscheidungsfrage erwarten wir als Antwort „Ja" oder „Nein".
Entscheidungsfragen haben kein Fragewort.

- Tu viens avec nous?   Kommst du mit uns?
- Oui. / Non.   Ja. / Nein.

Auf Teilfragen können Sie nicht mit „ja" oder „nein" antworten. Auf eine Teil-
frage erwarten Sie eine ganz bestimmte Angabe, z. B. einen Ort, einen Zeitpunkt,
eine Eigenschaft oder eine Person usw.

- **Où** est-ce que tu vas?   Wohin gehst du?
- Au bureau.   Ins Büro.

- **Qui** est venu?   Wer ist gekommen?
- M. Martin.   Herr Martin.

Teilfragen werden mit Fragewörtern gebildet.
Im Französischen haben Sie mehrere Möglichkeiten, Entscheidungs- und Teil-
fragen zu bilden.

1 Die Intonationsfrage und die Frage mit nachgestelltem Fragewort

Entscheidungsfrage	Teilfrage
Die Intonationsfrage verwenden Sie bei Entscheidungsfragen.	Die Frage mit nachgestelltem Frage-wort verwenden Sie bei Teilfragen.
(Intonation ► ANHANG 10)	Für diese Frage stellen Sie das Frage-wort ans Ende des Satzes. Alle ande-ren Satzglieder stehen wie im Aus-sagesatz. Diese Frage sprechen Sie mit fallender Satzmelodie.
Die Intonationsfrage bilden Sie wie einen Aussagesatz. Statt eines Punktes setzen Sie ein Fragezeichen und sprechen die Frage mit stei-gender Satzmelodie.	
Tu fais un gâteau? Bäckst du einen Kuchen?	Tu fais le gâteau **comment**? Du bäckst den Kuchen wie?
On va au cinéma? Gehen wir ins Kino?	On va au cinéma **quand**? Wir gehen wann ins Kino?

Beide Frageformen sind umgangssprachlich. In der geschriebenen Sprache werden sie, außer bei der Wiedergabe von Dialogen, nicht verwendet.

2 | Die Frage mit *est-ce que*

est-ce que ist ein Fragesignal. Sie stellen es dem Satz voran. Die Stellung der übrigen Satzglieder ist die gleiche wie im Aussagesatz. Vor Vokal und stummem h verkürzen Sie est-ce que zu est-ce qu'.
Bei der Teilfrage stellen Sie das Fragewort vor est-ce que.

Entscheidungsfrage	Teilfrage
Est-ce que tu fais un gâteau? Bäckst du einen Kuchen?	**Comment est-ce que** tu fais le gâteau? Wie bäckst du den Kuchen?
Est-ce que vous apprenez le français? Lernt ihr/Lernen Sie Französisch?	**Pourquoi est-ce que** vous apprenez le français? Weshalb lernt ihr/lernen Sie Französisch?

Où est-ce que können Sie nur verwenden, wenn das Subjekt ein Pronomen ist. Bei Nomen müssen Sie eine Inversionsfrage verwenden.

⚠ Où est-ce qu'il est?   Wo ist er?
    aber: Où est **Jérôme**?   Wo ist Jérôme?

Die Frage mit est-ce que können Sie sowohl im gesprochenen als auch im geschriebenen Französisch verwenden.

⚠ Die est-ce que-Fragen nach Personen oder Sachen sind sich sehr ähnlich und führen leicht zu Verwechslungen. Deshalb hier ein Überblick über ihre Verwendung:

Qui est-ce qui vient? **Qui est-ce que** tu as invité?	Wer kommt? Wen hast du eingeladen?	Die Fragen nach Personen beginnen mit Qui.
Qu'est-ce qui te dérange? **Qu'est-ce que** tu vas faire?	Was stört dich? Was wirst du tun?	Die Fragen nach Sachen beginnen mit qu'.

Fragen Sie nach dem Subjekt („Wer kommt?" / „Was stört dich?"), endet das Fragewort mit qui. Fragen Sie nach dem Objekt („Wen hast du eingeladen?" / „Was wirst du tun?"), endet das Fragewort mit que.

3 | Die Inversionsfrage

Entscheidungsfrage	Teilfrage
Um eine Inversionsfrage zu bilden, stellen Sie das Subjekt hinter das Verb. Verb und Subjektpronomen verbinden Sie mit einem Bindestrich.	Für eine Teilfrage stellen Sie das Fragewort vor und das Subjekt hinter das Verb.
Apprenez-vous le français? Lernt ihr/Lernen Sie Französisch?	**Pourquoi** apprenez-**vous** le français? Weshalb lernt ihr/lernen Sie Französisch?
Pourrais-tu m'aider? Könntest du mir helfen?	**Quand** pourrais-**tu** m'aider? Wann könntest du mir helfen?

Endet die Verbform in der 3. Person Singular mit einem Vokal, so schieben Sie für eine leichtere Aussprache ein -t- zwischen Verb und Subjektpronomen ein.

Entscheidungsfrage	Teilfrage
Va-t-elle venir? Wird sie kommen?	Pourquoi **va-t**-elle venir? Weshalb wird sie kommen?
A-t-il écrit la lettre? Hat er den Brief geschrieben?	Quand **a-t**-il écrit la lettre? Wann hat er den Brief geschrieben?

In den zusammengesetzten Zeiten steht das Subjektpronomen zwischen Hilfsverb und Partizip.

Entscheidungsfrage	Teilfrage
Avez-vous **lu** ce livre? Haben Sie/Habt ihr dieses Buch gelesen? Lui **a-t**-elle **raconté** cette histoire? Hat sie ihm/ihr diese Geschichte erzählt?	Qu'**a-t**-il **fait**? Was hat er gemacht?

Ein Nomen steht aber hinter dem Partizip.

Entscheidungsfrage	Teilfrage
–	Qu'**a fait Jérôme**? Was hat Jérôme gemacht?

Entscheidungsfrage	Teilfrage
	⚠ Eine Inversionsfrage können Sie immer bilden, wenn das Subjekt ein Pronomen ist. Ist das Subjekt aber ein Nomen, sollten Sie nur einfache Inversionsfragen mit **que** und **où** bilden. In allen anderen Fällen bilden Sie die Frage mit **est-ce que**.

Que fait **Thierry**?
Was macht Thierry?

Où est **Bertrand**?
Wo ist Bertrand?

Pourquoi est-ce que **Bertrand** est parti?
Weshalb ist Bertrand gegangen?

Die Inversionsfrage finden Sie vor allem im geschriebenen Französisch. Sie gehört einem gehobenen Sprachstil an.

Im gesprochenen Französisch ist die Inversionsfrage vor allem in einigen formelhaften Wendungen und kurzen Fragen üblich.

Êtes-vous d'accord?	Sind Sie/Seid ihr einverstanden?
Où est-elle?	Wo ist sie?

Eine Inversionsfrage mit nachgestelltem **je** ist nicht üblich. Sie ist nur in formelhaften Wendungen gebräuchlich, z. B.: **Puis-je?** (Darf ich?).

4 | Die segmentierte Frage

Die segmentierte Frage entspricht der Intonationsfrage bzw. der Frage mit nachgestelltem Fragewort, mit einem Unterschied: Der Satzteil, nach dem gefragt wird, ist zweimal vertreten: als Nomen und als Pronomen.
Die segmentierte Frage gehört der Umgangssprache an.

Entscheidungsfrage	Teilfrage
Tes copines, elles viennent aussi?	**Elle** revient quand, **Sophie**?
Deine Freundinnen, kommen sie auch?	Wann kommt sie wieder, Sophie?
Tes livres, tu **les** a achetés ici?	C'est qui, **Isabelle**?
Deine Bücher, hast du sie hier gekauft?	Wer ist das, Isabelle?

94 Der Aufforderungssatz

Aufforderungssätze bilden Sie meist mit den Imperativformen des Verbs.
(Der Imperativ ► NR. 69)

Ne **parle** pas si vite!	Sprich nicht so schnell!
Ouvrez votre livre à la page 22.	Öffnet/Öffnen Sie eure/Ihre Bücher auf Seite 22.

Befehle können Sie auch mit dem *futur simple* oder dem *futur composé* ausdrücken.

Tu ne **sortiras** pas!	Du gehst nicht aus!
Tu **vas t'excuser**!	Du wirst dich entschuldigen!

In Kochrezepten, Gebrauchsanweisungen oder auf Verbotsschildern werden Aufforderungen auch durch Infinitive ausgedrückt.

Prendre 100 g de farine et deux œufs …	Nehmen Sie 100g Mehl und zwei Eier…
Ne pas marcher sur la pelouse.	Rasen betreten verboten.

Aufforderungssätze mit dem Imperativ oder dem *futur* werden nicht als besonders höflich empfunden. Deshalb gibt es im Französischen mehrere Möglichkeiten, den Befehls- oder Aufforderungscharakter eines Satzes abzuschwächen.

Aufforderungen können Sie auch als Fragen mit **pouvoir** formulieren.

Vous pouvez parler moins vite, s'il vous plaît?	Können Sie bitte langsamer sprechen?
Pouvez-vous me prêter votre stylo?	Können Sie mir Ihren Füller ausleihen?

Fragen mit dem *conditionnel* gelten als besonders höflich.

Tu pourrais m'aider?	Könntest du mir helfen?
Pourriez-vous me donner votre adresse?	Könnten Sie mir Ihre Adresse geben?

95 Der Ausrufesatz

Ausrufesätze können Sie ausdrücken durch:

Clément est absolument adorable! Clément ist absolut entzückend!	einen normalen Aussagesatz: Dann kann man nur an der Satzmelodie hören, dass es sich um einen Ausrufesatz handelt,
Comme elle travaille! Wie sie arbeitet! **Comme** c'est gentil! Wie nett das ist! **Que** c'est difficile! Wie schwer das ist!	einen Aussagesatz, der mit **comme** oder **que** eingeleitet wird,
Quelle surprise! Welche Überraschung! **Quelle** chance elle a eu! Was für ein Glück sie gehabt hat!	mit **quel** und einem Nomen,
Si elle **venait** plus souvent! Wenn sie doch öfter käme! **Si seulement** on **pouvait** lui téléphoner! Wenn man sie/ihn wenigstens anrufen könnte!	mit **si** (seulement) + Verb im *imparfait*.

96 Das Satzgefüge

1 Haupt- und Nebensätze

Hauptsätze können alleine stehen. Nebensätze liefern zusätzliche Informationen. Sie sind von Hauptsätzen abhängig und stehen daher selten allein. Anders als im Deutschen bleibt im französischen Nebensatz die Stellung der Satzteile Subjekt – Verb – Ergänzung erhalten.

Nebensätze werden mit Konjunktionen oder mit Relativpronomen eingeleitet.

Hauptsatz	Nebensatz
Elle est heureuse. Sie ist glücklich.	
Elle est heureuse Sie ist glücklich,	**parce qu'elle a gagné au loto.** weil sie im Lotto gewonnen hat.

2 | Der Relativsatz

1. Ein Relativsatz ist ein Nebensatz, der mit einem Relativpronomen oder einer Präposition + Relativpronomen eingeleitet wird.

Die französischen Relativpronomen sind: **où, qui, que, dont, lequel, quoi, ce qui, ce que.** (Die Relativpronomen ► NR. 47)

Hauptsatz	Nebensatz
On rencontre **des touristes** Man trifft Touristen,	**qui** viennent de tous les pays. die von überall herkommen.
Voilà **le chanteur** Hier ist der Sänger,	**dont** je t'ai parlé. von dem ich dir erzählt habe.
C'est **un collègue** Das ist ein Kollege,	**avec qui** je travaille très bien. mit dem ich sehr gut zusammen arbeite.

Im Relativsatz beschreiben Sie Personen oder Sachen näher, die im Hauptsatz erwähnt werden. Das Relativpronomen steht immer unmittelbar hinter der Wortgruppe, die näher beschrieben wird.

Hauptsatz	Nebensatz
Il y a **beaucoup de jeunes** Es gibt viele Jugendliche,	**qui** s'intéressent à la musique. die sich für Musik interessieren.
C'est **le magasin** Das ist das Geschäft,	**où** j'ai acheté mes chaussures. wo ich meine Schuhe gekauft habe.

Die Wortstellung im französischen Relativsatz ist die gleiche wie in einem normalen Aussagesatz: Subjekt – Verb – Ergänzung. Fängt der Relativsatz mit qui an, folgt gleich das Verb, denn qui ist ja bereits Subjekt des Relativsatzes.

	Relativ-pronomen	Subjekt	Verb	Ergänzung
	qui		chante	ma chanson préférée.
C'est le	avec qui	on	a enregistré	la chanson.
chanteur	que	j'	aime	bien.
	dont	elle	parle	tout le temps.

	der mein Lieblingslied singt.
Das ist der	mit dem wir das Lied aufgenommen haben.
Sänger,	den ich gerne mag.
	von dem sie immerzu spricht.

2. In Relativsätzen mit qui und que müssen Sie an die Angleichung von Adjektiven und Partizipien denken:

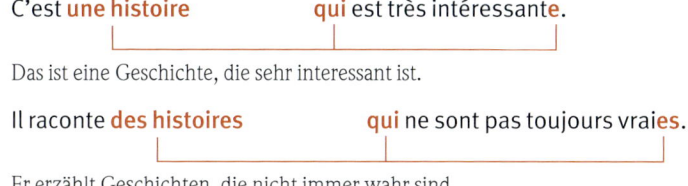

C'est une histoire   qui est très intéressante.

Das ist eine Geschichte, die sehr interessant ist.

Il raconte des histoires   qui ne sont pas toujours vraies.

Er erzählt Geschichten, die nicht immer wahr sind.

qui vertritt hier im Relativsatz ein feminines Nomen (histoire/s) aus dem Hauptsatz. Die Adjektive (intéressante/vraies) im Relativsatz müssen den femininen Bezugsnomen angeglichen werden.

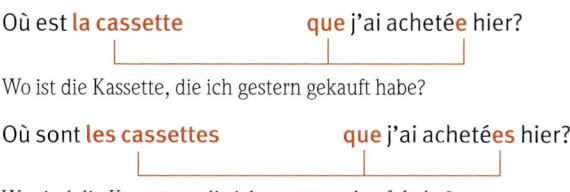

Où est la cassette   que j'ai achetée hier?

Wo ist die Kassette, die ich gestern gekauft habe?

Où sont les cassettes   que j'ai achetées hier?

Wo sind die Kassetten, die ich gestern gekauft habe?

Wenn Sie in einem Relativsatz mit que eine zusammengesetzte Zeit *(passé composé,* Plusquamperfekt *…)* verwenden, müssen Sie daran denken, dass

que im Relativsatz direktes Objekt ist und somit eine Angleichung des Partizips auslöst. (Das Partizip Perfekt ➤ NR. 73.4)

3. Der *subjonctif* im Relativsatz

In drei Fällen müssen Sie im Relativsatz den *subjonctif* verwenden:

C'est **le meilleur** livre qu'il **ait** écrit.
Das ist das beste Buch, das er geschrieben hat.

nach Superlativen und superlativischen Ausdrücken;

C'est **la plus drôle** histoire que j'**aie** jamais entendue.
Das ist die lustigste Geschichte, die ich jemals gehört habe.

Dazu zählen außerdem: c'est le seul / la seule + Nomen, c'est le premier / la première + Nomen, c'est un/e des rares + Nomen, c'est le/la plus + Adjektiv + Nomen.

Il **n'**y a **pas** une seule robe qui lui **plaise**.
Es gibt kein einziges Kleid, das ihm/ihr gefällt.

nach verneinten Hauptsätzen;

Je **ne** connais **personne** qui **puisse** l'aider.
Ich kenne niemanden, der ihm/ihr helfen könnte.

Nach folgenden Verneinungen steht der *subjonctif* im Relativsatz:
ne ... personne, ne ... rien, ne ... que, ne ... aucun/e, ne ... pas un/e seul/e.

Nous **cherchons** un hôtel qui ne **soit** pas trop cher.
Wir suchen ein Hotel, das nicht zu teuer ist.

nach Ausdrücken des Wunsches.

Ils **ont besoin d'**un appartement qui ne **soit** pas trop petit.
Sie brauchen eine Wohnung, die nicht zu klein ist.

Zu diesen Ausdrücken zählen: chercher, il (me) faut, avoir besoin de, rêver de, imaginer, je voudrais, j'aimerais, penser à (faire).

3 | Der Bedingungssatz

Sie können zwei Arten von Bedingungen unterscheiden:
Reale Bedingungen: Diese Bedingungen halten Sie für erfüllbar, d.h. Sie halten es
für möglich, dass Sie am Sonntag ein Picknick machen werden.

> **S'il fait beau dimanche**, on fera un pique-nique.
> Wenn es am Sonntag schön ist, machen wir ein Picknick.

Irreale Bedingung: Diese Bedingung ist unwahrscheinlich oder unrealistisch.
Das Wetter ist nicht schön und Sie glauben auch nicht, dass das Wetter sich noch
ändern wird.

> **S'il faisait beau**, on ferait un pique-nique.
> Wenn das Wetter schön wäre, würden wir ein Picknick machen.

Den Unterschied zwischen realer und irrealer Bedingung drücken Sie durch die
Verbform aus:

> S'il **fait** beau …   Wenn das Wetter schön ist …
> S'il **faisait** beau …   Wenn das Wetter schön wäre, …

Reale und irreale Bedingungen können sowohl auf die Gegenwart als auch auf
die Vergangenheit bezogen sein.

Den Bedingungssatz leiten Sie mit **si** ein. **Si** wird vor **il** und **ils** zu **s'** verkürzt.
Vor **elle** und **elles** wird **si** jedoch nicht verkürzt.

1. Reale Bedingungen

Bedingungssatz	Hauptsatz	
	on **ira** au cinéma.	*(futur simple)*
Si tu viens,	werden wir ins Kino gehen.	
(Präsens)	on **va** aller au cinéma.	*(futur composé)*
Wenn du	gehen wir ins Kino.	
kommst,	je te **montre** les photos.	(Präsens)
	zeige ich dir die Fotos.	
	apporte le programme des cinémas.	(Imperativ)
	bring das Kinoprogramm mit.	

Diese Bedingungen sind auf die Gegenwart bezogen. Im Nebensatz (Bedingungs-
satz) verwenden Sie das Präsens (= **tu viens**), nie *futur* und nie *conditionnel*,
im Hauptsatz *futur simple*, *futur composé*, Präsens oder den Imperativ. Die

Satzstellung im Bedingungssatz ist dieselbe wie im Hauptsatz: **si** + Subjekt + Verb + Ergänzungen.

Bedingungssatz	Hauptsatz	
Si vous **avez lu** le texte, *(passé composé)* Wenn Sie den Text gelesen haben,	vous **pourrez** m'informer. werden Sie mich informieren können.	*(futur simple)*
	vous **pouvez** m'informer. können Sie mich informieren.	(Präsens)
	informez-moi. informieren Sie mich.	(Imperativ)

Diese Bedingung ist auf die Vergangenheit bezogen. Im Nebensatz verwenden Sie das *passé composé* (= vous avez lu), im Hauptsatz *futur simple*, Präsens oder den Imperativ.

2. Irreale Bedingungen

Bedingungssatz	Hauptsatz
Si **j'étais** riche, Wenn ich reich wäre,	je **ferais** beaucoup de voyages. würde ich viele Reisen machen.
S'il **faisait** beau, Wenn das Wetter schön wäre,	on **sortirait**. würden wir raus gehen.
(imparfait)	*(conditionnel présent)*

Diese Bedingungen sind auf die Gegenwart bezogen (Wenn ich reich wäre … / Wenn das Wetter schön wäre …).
Im Bedingungssatz mit **si** steht das *imparfait*, aber nie das *conditionnel* oder *futur*.

Bedingungssatz	Hauptsatz
Si j'**avais eu** de l'argent, Wenn ich Geld gehabt hätte,	j'**aurais fait** un voyage. hätte ich eine Reise unternommen.
S'il **avait fait** beau, Wenn das Wetter schön gewesen wäre,	je **serais sorti**. wäre ich raus gegangen.
(Plusquamperfekt)	*(conditionnel passé)*

Diese Bedingungen sind auf die Vergangenheit bezogen (Wenn ich Geld gehabt hätte … / Wenn das Wetter schön gewesen wäre …). Im Bedingungssatz mit **si** verwenden Sie das Plusquamperfekt und im Hauptsatz *conditionnel passé*.

Verwechseln Sie nicht die unterschiedlichen Gebrauchsweisen von **si**:

- **Tu ne m'écoute pas? – Si.**
  Hörst du mir nicht zu? – Doch.

  doch. (**Si** als Antwort auf eine verneinte Frage.)

  Si tu as besoin d'aide, appelle-moi.
  Wenn du Hilfe benötigst, ruf mich (an).

  wenn/falls (**si** leitet einen Bedingungssatz ein.)

  Dites-moi **si** vous pourrez venir.
  Sagen Sie/Sagt mir, ob Sie/ihr kommen werden/werdet.

  ob (**si** leitet eine indirekte Frage ein.)

  S'il est là, nous nous amuserons bien.
  Wenn/Falls er da ist, werden wir uns gut amüsieren.

  (Bedingung)

  Quand il est là, il y a toujours une bonne ambiance.
  (Immer) Wenn er da ist, ist die Stimmung immer gut.

  (Zeitliches Verhältnis)

Das deutsche „wenn" kann eine Bedingung oder ein zeitliches Verhältnis ausdrücken. Im Französischen müssen Sie unterscheiden:
Bedingungssatz: **si** – wenn, zeitliches Verhältnis: **quand** – (immer) wenn

Indirekte Rede

97 Einleitung

Wenn Sie berichten wollen, was jemand gesagt hat, verwenden Sie nicht immer die wörtliche Rede: Er hat gesagt: „Ich komme morgen", sondern eher die indirekte Rede: Er hat gesagt, dass er morgen kommt/komme.

98 Indirekte Aussagen

Direkte Rede		Indirekte Rede Hauptsatz	Nebensatz
Sophie raconte: Sophie erzählt:	«Je joue dans un groupe de rock.» „Ich spiele in einer Rockgruppe."	Sophie raconte Sophie erzählt,	qu'elle joue dans un groupe de rock. dass sie in einer Rockgruppe spielt.

| Direkte Rede | | Indirekte Rede | |
		Hauptsatz	Nebensatz
Elle ajoute: Sie fügt hinzu:	«Mon instrument préféré, c'est la guitare.» „Mein bevorzugtes Instrument ist die Gitarre."	Elle ajoute Sie fügt hinzu,	**que** son instrument préféré, c'est la guitare. dass ihr bevorzugtes Instrument die Gitarre ist.

Die indirekte Rede besteht aus einem Hauptsatz und einem Nebensatz. Im Hauptsatz verwenden Sie ein Verb der Redewiedergabe, z. B. **dire**, **raconter**, **ajouter** (hinzufügen), **affirmer** (bejahen).

Im Nebensatz geben Sie den Inhalt der Rede wieder. Den Nebensatz leiten Sie mit einer Konjunktion (z. B. **que**) ein. Im Französischen steht im **que**-Satz der indirekten Rede der Indikativ.

Il dit que leur fax ne fonctionne pas.

Er sagt, dass er kommt. **Il dit qu'**il vient.
Er sagt, er kommt.

Er sagt, ihr Fax funktioniere nicht.

Im Gegensatz zum Deutschen können Sie im Französischen die Konjunktion **que** nicht weglassen.

99 Indirekte Fragen

1 Die indirekte Entscheidungsfrage

Direkte Entscheidungsfrage	Indirekte Entscheidungsfrage
Valérie demande à son mari: «Tu as fait les courses?» Valérie fragt ihren Mann: Hast du die Einkäufe gemacht?	Valérie demande à son mari **s'**il a fait les courses. Valérie fragt ihren Mann, ob er die Einkäufe gemacht hat.
«Est-ce que Florence a rangé sa chambre?» Hat Florence ihr Zimmer aufgeräumt?	Elle veut savoir **si** Florence a rangé sa chambre. Sie möchte wissen, ob Florence ihr Zimmer aufgeräumt hat.

«Est-ce qu'elle a fait ses devoirs?»	Elle demande **si** elle a fait ses devoirs.
Hat sie ihre Hausaufgaben gemacht?	Sie fragt, ob sie ihre Hausaufgaben gemacht hat.

Die indirekte Entscheidungsfrage leiten Sie mit **si** ein. Nur vor **il** und **ils** wird **si** zu **s'** apostrophiert.

 In einer indirekten Frage steht nie **est-ce que** und nie die Inversion.

2 | Die indirekte Teilfrage

Direkte Teilfrage	Indirekte Teilfrage
Comment êtes-vous venus?	Il demande **comment** nous sommes venus.
Wie sind Sie/seid ihr gekommen?	Er fragt, wie wir gekommen sind.
Quand êtes-vous arrivés?	Il aimerait savoir **quand** nous sommes arrivés.
Wann sind Sie/seid ihr angekommen?	Er möchte gern wissen, wann wir angekommen sind.
Où est-ce que vous habitez?	Il veut savoir **où** nous habitons.
Wo wohnen Sie/wohnt ihr?	Er will wissen, wo wir wohnen.
Par quoi voulez-vous commencer?	Elle veut savoir **par quoi** nous voulons commencer.
Womit möchten Sie/möchtet ihr beginnen?	Sie will wissen, womit wir beginnen wollen.
À qui avez-vous parlé?	Elle aimerait savoir **à qui** nous avons parlé.
Mit wem haben Sie/habt ihr gesprochen?	Sie möchte gern wissen, mit wem wir gesprochen haben.
De qui est-ce que vous avez cette information?	Elle demande **de qui** nous avons cette information.
Von wem haben Sie/habt ihr diese Information?	Sie fragt, von wem wir diese Information haben.
Qui est-ce qui vous a dit cela?	Elle se demande **qui** nous a dit cela.
Wer hat Ihnen/euch das gesagt?	Sie fragt sich, wer uns das gesagt hat.

Que voulez-vous visiter? / **Qu'est-ce que** vous voulez visiter?	Il nous demande **ce que** nous voulons visiter.
Was möchten Sie/möchtet ihr besichtigen?	Er fragt uns, was wir besichtigen wollen.
Qu'est-ce qui vous intéresse le plus?	Il veut savoir **ce qui** nous intéresse le plus.
Was interessiert Sie/euch am meisten?	Er will wissen, was uns am meisten interessiert.

Indirekte Teilfragen leiten Sie mit demselben Fragewort ein wie die entsprechende direkte Frage.

Ausnahmen: Fragen mit **qu'est-ce que** und **que** leiten Sie mit **ce que** ein, Fragen mit **qu'est-ce qui** leiten Sie mit **ce qui** ein.

100 Die Zeitenfolge in der indirekten Rede

Im Französischen gibt es feste Regeln für den Gebrauch der Zeiten in der indirekten Rede. Das Tempus des Verbs im Nebensatz hängt vom Tempus des Verbs im Hauptsatz ab.

Direkte Rede

Elle dit:
> Sie sagt:

«Je n'**aime** pas cette banlieue triste. *Präsens*
> „Ich mag diesen tristen Vorort nicht.

Je **partirai** d'ici. *futur simple*
> Ich gehe fort von hier.

Avant, j'**ai habité** dans une petite ville. *passé composé*
> Vorher habe ich in einer kleinen Stadt gewohnt.

C'**était** bien là-bas. *imparfait*
> Es war gut dort.

Je n'**avais** pas **connu** l'indifférence des grandes villes. *Plusquamperfekt*
> Ich habe die Anonymität der Großstädte nicht kennengelernt.

Je **voudrais** y retourner.» *conditionnel*
> Ich möchte gerne wieder dorthin fahren."

Wenn der Hauptsatz (elle dit) im Präsens steht, verwenden Sie im Nebensatz das Tempus, das Sie auch in der direkten Rede verwenden.

Indirekte Rede

	qu'elle n'**aime** pas cette banlieue triste.
	sie mag diesen tristen Vorort nicht.
	qu'elle **partira** d'ici.
	sie gehe von hier weg.
	qu'elle **a habité** dans une petite ville.
Elle **dit**	sie habe in einer kleinen Stadt gewohnt.
Sie sagt,	que c'**était** bien là-bas.
	es war gut dort.
	qu'elle n'**avait** pas **connu** l'indifférence des grandes villes.
	sie habe die Anonymität der Großstädte nicht kennengelernt.
	qu'elle **voudrait** y retourner
	sie möchte gerne wieder dorthin fahren.

Wenn der Hauptsatz (elle a dit) in einem Tempus der Vergangenheit steht, ändern sich einige Tempora im Nebensatz.

Indirekte Rede

	qu'elle n'**aimait** pas cette banlieue triste.
	sie möge diesen tristen Vorort nicht.
	qu'elle **partirait** d'ici.
	sie ginge weg von hier.
	qu'elle **avait habité** dans une petite ville.
Elle **a dit**	sie hätte in einer kleinen Stadt gewohnt.
Sie sagte,	que c'**était** bien là-bas.
	es wäre gut dort gewesen.
	qu'elle n'**avait** pas **connu** l'indifférence des grandes villes.
	sie hätte die Anonymität der Großstädte nicht kennengelernt.
	qu'elle **voudrait** y retourner.
	sie würde gerne wieder dorthin fahren.

Aus:		wird:	
Präsens	aime	*imparfait*	aimait
futur simple	partirai	*conditionnel*	partirait
passé composé	ai habité	Plusquamperfekt	avait habité
Aber:		bleibt:	
imparfait	était	*imparfait*	était
Plusquamperfekt	avais connu	Plusquamperfekt	avait connu
conditionnel	voudrais	*conditionnel*	voudrait

«Je vais venir.»   Elle **a dit** qu'elle **allait** venir.
„Ich werde kommen."   Sie hat gesagt, dass sie kommen wird.

Das *futur composé* wird aus dem Präsens des Verbs **aller** + Infinitiv gebildet. In der indirekten Rede der Vergangenheit müssen Sie nur **aller** in die entsprechende Zeitform setzen.

 Der Grund, warum er nicht gekommen ist …   **La raison pour laquelle** il n'est pas venu …

Die Frage, ob der Motor funktioniert …   **La question de savoir si** le moteur fonctionne …

Ich bin neugierig, ob …   **Je suis curieux de savoir si** …

An Nomen oder Adjektive können Sie im Französischen keine indirekten Fragesätze anschließen. Sie müssen sich mit anderen Formulierungen behelfen.

 Pierre dit: «**Je** vais **te** donner **mon** livre et **mes** cassettes.»
Pierre sagt: „Ich werde dir mein Buch und meine Kassetten geben.

Pierre dit qu'**il** va **me** donner **son** livre et **ses** cassettes.
Pierre sagt, dass er mir sein Buch und seine Kassetten geben wird.

Denken Sie daran, in der indirekten Rede auch die Pronomen der veränderten Redesituation anzupassen.

1 Übersicht über die Geschichte der französischen Sprache

Französisch ist wie Spanisch, Italienisch und Portugiesisch eine **romanische Sprache**, die sich aus der lateinischen Sprache entwickelt hat. Als Cäsar 50 v.Chr. das Gebiet des heutigen Frankreich eroberte, lebten dort die Gallier, die eine keltische Sprache sprachen, das Gallische. Die Gallier nahmen die gesprochene Sprache der römischen Beamten und Soldaten, das sogenannte „**Vulgärlatein**", an.

Im 3. bis 4. Jh. n.Chr. begann das römische Reich zu zerfallen und germanische Völker drangen von Norden in das Gebiet des heutigen Frankreich ein; unter ihnen die Normannen (die der Normandie ihren Namen gaben) und die Franken, die im Verlauf des 5. Jahrhunderts den größten Teil Galliens besetzten. Die Franken tauschten ihre germanische Sprache (das Fränkische) bald gegen die Sprache der zahlenmäßig und kulturell überlegenen Untertanen ein und übernahmen von ihnen den christlichen Glauben. Der Einfluss des Fränkischen auf das gesprochene Latein war nachhaltig, so dass die französische Sprache ihm nicht nur den Namen, sondern auch viele Wörter verdankt, von denen sich einige hundert bis ins heutige Französisch gehalten haben, z. B.: **jardin** (Garten), **auberge** (Herberge), **riche** (reich).

In den folgenden Jahrhunderten entwickelte sich das gesprochene Latein langsam zu einer selbstständigen, vom klassischen Latein unterschiedenen Sprache. Aus dem 9. Jahrhundert ist uns der erste Text in dieser neuen Sprache, dem Altfranzösischen, erhalten.

Ab etwa dem 12. Jh. wird Französisch – in vielen dialektalen Varianten, da es noch keine einheitliche Literatursprache gab – anstelle von Latein Amts- und Rechtssprache, später auch die Sprache in den Schulen.

Die sprachliche Einigung Frankreichs vollzog sich im 14. und 15. Jahrhundert, als die vielen lokalen Dialekte dem Einfluss des Dialekts der Ile-de-France (Paris und Umgebung), der Sprache der Könige, unterlagen. Dieser Dialekt, das **francien**, wurde im 15. Jahrhundert zur Literatursprache, dem Vorläufer des heutigen Französisch. 1539 schreibt François I die Verwendung der französischen Sprache bei Gericht im ganzen Königreich vor.

Der Beginn der neufranzösischen Epoche fällt mit dem Beginn des 17. Jahrhunderts zusammen, als die Norm des „richtigen" Französisch festgelegt wurde. Seit dieser Zeit hat sich an der Schreibung französischer Wörter nichts Wesentliches verändert, wohl aber an ihrer Aussprache, womit die Unterschiede zwischen Schreibung und Aussprache zu erklären sind. Bestrebungen, die Schreibung der französischen Sprache ihrer Aussprache anzupassen, hat es in dieser Zeit keine gegeben.

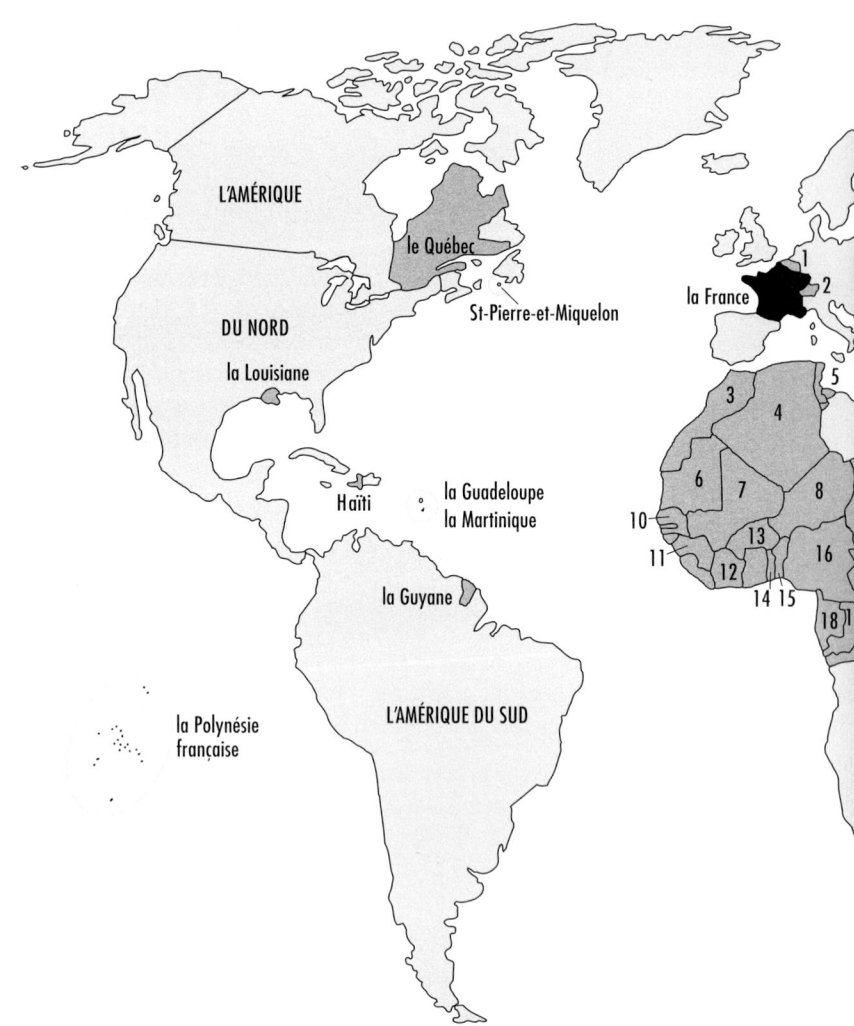

2   Französisch in der Welt

Französisch wird in 42 Staaten der Erde gesprochen. Um die Gesamtheit dieser mehr oder weniger französischsprachigen Länder bezeichnen zu können, wird das Wort **francophonie** verwendet. Eine detailliertere Karte finden Sie in **Eurolingua Français 2**.

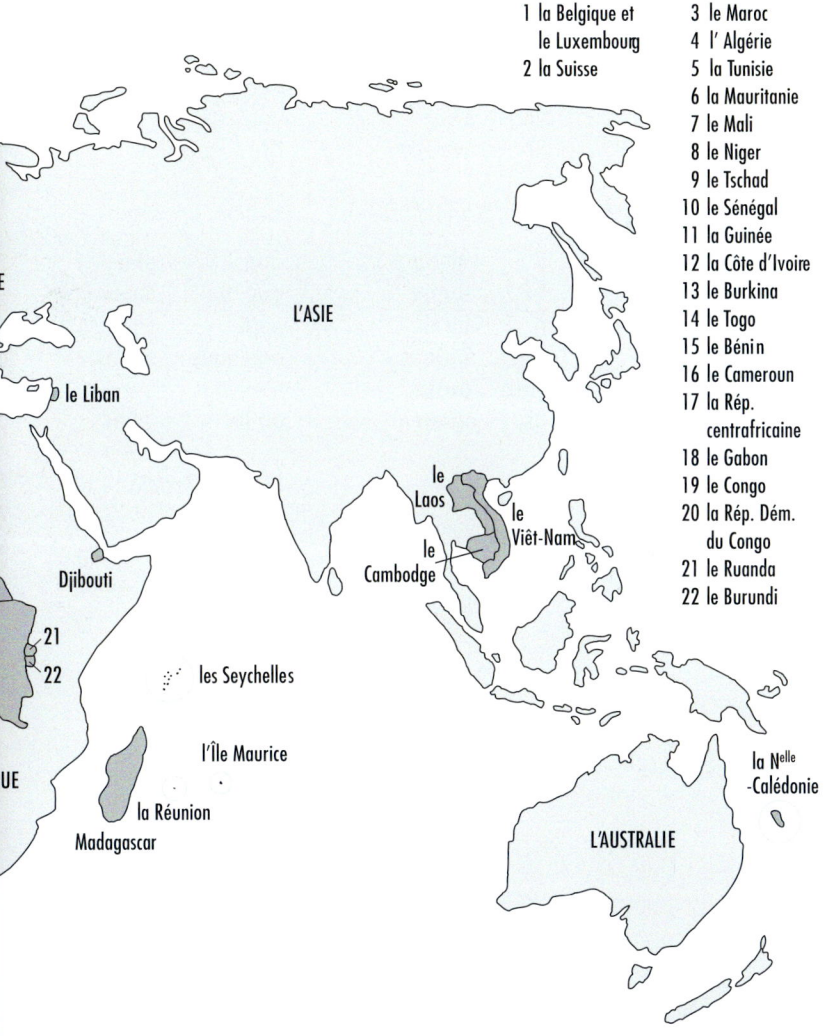

1 la Belgique et le Luxembourg
2 la Suisse
3 le Maroc
4 l' Algérie
5 la Tunisie
6 la Mauritanie
7 le Mali
8 le Niger
9 le Tschad
10 le Sénégal
11 la Guinée
12 la Côte d'Ivoire
13 le Burkina
14 le Togo
15 le Bénin
16 le Cameroun
17 la Rép. centrafricaine
18 le Gabon
19 le Congo
20 la Rép. Dém. du Congo
21 le Ruanda
22 le Burundi

3 Konjugation der Hilfsverben *avoir* und *être*

1. avoir (haben)

Präsens		*imparfait*		*futur simple*	
j'	ai	j'	avais	j'	aurai
tu	as	tu	avais	tu	auras
il	a	il	avait	il	aura
nous	avons	nous	avions	nous	aurons
vous	avez	vous	aviez	vous	aurez
ils	ont	ils	avaient	ils	auront

passé simple		*conditionnel présent*		*subjonctif présent*	
j'	eus	j'	aurais	que j'	aie
tu	eus	tu	aurais	que tu	aies
il	eut	il	aurait	qu'il	ait
nous	eûmes	nous	aurions	que nous	ayons
vous	eûtes	vous	auriez	que vous	ayez
ils	eurent	ils	auraient	qu'ils	aient

Imperativ	Partizip Präsens	Partizip Perfekt
aie!	ayant	eu
ayons!		
ayez!		

2. être (sein)

Präsens		*imparfait*		*futur simple*	
je	suis	j'	étais	je	serai
tu	es	tu	étais	tu	seras
il	est	il	était	il	sera
nous	sommes	nous	étions	nous	serons
vous	êtes	vous	étiez	vous	serez
ils	sont	ils	étaient	ils	seront

passé simple		*conditionnel présent*		*subjonctif présent*	
je	fus	je	serais	que je	sois
tu	fus	tu	serais	que tu	sois
il	fut	il	serait	qu'il	soit
nous	fûmes	nous	serions	que nous	soyons
vous	fûtes	vous	seriez	que vous	soyez
ils	furent	ils	seraient	qu'ils	soient

Imperativ	Partizip Präsens	Partizip Perfekt
sois!	étant	été
soyons!		
soyez!		

4 | Liste der wichtigsten unregelmäßigen Verben

1 | Unregelmäßige Verben

*   bedeutet, dass das Verb in zusammengesetzten Zeiten mit dem Hilfsverb être verbunden wird.

**   bedeutet, dass das Verb je nach Bedeutung in den zusammengesetzten Zeiten mit den Hilfsverben **avoir** oder **être** verbunden wird.

Eine französisch-deutsche Liste mit diesen Verben finden Sie auf Seite 190–192.

Infinitiv Partizip Perf.	Indikativ Präsens	*futur simple* *passé simple*	*subjonctif présent*
accueillir ► **cueillir**			
acquérir acquis	j'acquiers tu acquiers il acquiert nous acquérons vous acquérez ils acquièrent	j'acquerrai j'acquis nous acquîmes	que j'acquière que nous acquérions
admettre ► **mettre**			
* aller allé	je vais tu vas il va nous allons vous allez ils vont	j'irai j'allai nous allâmes	que j'aille que nous allions
* s'apercevoir ► **recevoir**			
** apparaître ► **connaître**			
appartenir ► **venir**			
apprendre ► **prendre**			

Infinitiv Partizip Perf.	Indikativ Präsens	*futur simple* *passé simple*	*subjonctif présent*
* s'asseoir	je m'assieds	je m'assiérai	que je m'asseye
	tu t'assieds		que nous nous asseyions
assis	il s'assied		
	nous nous asseyons	je m'assis	
	vous vous asseyez	nous nous assîmes	
	ils s'asseyent		
	im Präsens auch geläufig:		
	je m'assois		
	tu t'assois		
	il s'assoit		
	nous nous assoyons		
	vous vous assoyez		
	ils s'assoient		
atteindre			
► peindre			
battre	je bats	je battrai	que je batte
	tu bats		que nous battions
battu	il bat		
	nous battons	je battis	
	vous battez	nous battîmes	
	ils battent		
boire	je bois	je boirai	que je boive
	tu bois		que nous buvions
bu	il boit		
	nous buvons	je bus	
	vous buvez	nous bûmes	
	ils boivent		
bouillir	je bous	je bouillirai	que je bouille
	tu bous		que nous bouillions
bouilli	il bout		
	nous bouillons	je bouillis	
	vous bouillez	nous bouillîmes	
	ils bouillent		

Infinitiv Partizip Perf.	Indikativ Präsens	*futur simple* *passé simple*	*subjonctif présent*
combattre			
► battre			
comparaître			
► connaître			
comprendre			
► prendre			
conclure	je conclus	je conclurai	que je conclue
	tu conclus		que nous concluions
conclu	il conclut		
	nous concluons	je conclus	
	vous concluez	nous conclûmes	
	ils concluent		
conduire	je conduis	je conduirai	que je conduise
	tu conduis		que nous conduisions
conduit	il conduit		
	nous conduisons	je conduisis	
	vous conduisez	nous conduisîmes	
	ils conduisent		
connaître	je connais	je connaîtrai	que je connaisse
	tu connais		que nous connaissions
connu	il connaît		
	nous connaissons	je connus	
	vous connaissez	nous connûmes	
	ils connaissent		
conquérir			
► acquérir			
construire			
► conduire			
contenir			
► venir			
contredire	⚠ vous contredisez		
► dire			
convaincre			
► vaincre			

Infinitiv Partizip Perf.	Indikativ Präsens	*futur simple* *passé simple*	*subjonctif présent*
* **convenir** ► **venir**			
coudre cousu	je couds tu couds il coud nous cousons vous cousez ils cousent	je coudrai je cousis nous cousîmes	que je couse que nous cousions
courir couru	je cours tu cours il court nous courons vous courez ils courent	je courrai je courus nous courûmes	que je coure que nous courions
couvrir ► **ouvrir**			
craindre ► **peindre**			
croire cru	je crois tu crois il croit nous croyons vous croyez ils croient	je croirai je crus nous crûmes	que je croie que nous croyions
cueillir cueilli	je cueille tu cueilles il cueille nous cueillons vous cueillez ils cueillent	je cueillerai je cueillis nous cueillîmes	que je cueille que nous cueillions
cuire ► **conduire**			
décevoir ► **recevoir**			

Infinitiv Partizip Perf.	Indikativ Präsens	*futur simple* *passé simple*	*subjonctif présent*
découvrir			
► ouvrir			
décrire			
► écrire			
détruire			
► conduire			
* devenir			
► venir			
devoir	je dois	je devrai	que je doive
	tu dois		que nous devions
dû	il doit		
	nous devons	je dus	
	vous devez	nous dûmes	
	ils doivent		
dire	je dis	je dirai	que je dise
	tu dis		que nous disions
dit	il dit		
	nous disons	je dis	
	vous dites	nous dîmes	
	ils disent		
** disparaître			
► connaître			
écrire	j'écris	j'écrirai	que j'écrive
	tu écris		que nous écrivions
écrit	il écrit		
	nous écrivons	j'écrivis	
	vous écrivez	nous écrivîmes	
	ils écrivent		
élire			
► lire			
entreprendre			
► prendre			
entretenir			
► venir			

Infinitiv Partizip Perf.	Indikativ Präsens	*futur simple* *passé simple*	*subjonctif présent*
envoyer	j'envoie	j'enverrai	que j'envoie
	tu envoies		que nous envoyions
envoyé	il envoie		
	nous envoyons	j'envoyai	
	vous envoyez	nous envoyâmes	
	ils envoient		
éteindre			
► peindre			
exclure			
► conclure			
faire	je fais	je ferai	que je fasse
	tu fais		que nous fassions
fait	il fait		
	nous faisons	je fis	
	vous faites	nous fîmes	
	ils font		
fuir	je fuis	je fuirai	que je fuie
	tu fuis		que nous fuyions
fui	il fuit		
	nous fuyons	je fuis	
	vous fuyez	nous fuîmes	
	ils fuient		
haïr	je hais	je haïrai	que je haïsse
	tu hais		que nous haïssions
haï	il hait		
	nous haïssons	je haïs	
	vous haïssez	nous haïmes	
	ils haïssent		
inclure			
► conclure			
⚠ inclus			
inscrire			
► écrire			
instruire			
► conduire			

Infinitiv Partizip Perf.	Indikativ Präsens	*futur simple* *passé simple*	*subjonctif présent*
interdire ► **dire**	⚠ vous inter**disez**		
interrompre interrompu	j'interromps tu interromps il interrompt nous interrompons vous interrompez ils interrompent	j'interromprai j'interrompis nous interrompîmes	que j'interrompe que nous interrompions
* **intervenir** ► **venir**			
introduire ► **conduire**			
joindre ► **peindre**			
lire lu	je lis tu lis il lit nous lisons vous lisez ils lisent	je lirai je lus nous lûmes	que je lise que nous lisions
méconnaître ► **connaître**			
mettre mis	je mets tu mets il met nous mettons vous mettez ils mettent	je mettrai je mis nous mîmes	que je mette que nous mettions
* **mourir** mort	je meurs tu meurs il meurt nous mourons vous mourez ils meurent	je mourrai je mourus nous mourûmes	que je meure que nous mourions

Infinitiv Partizip Perf.	Indikativ Präsens	*futur simple* *passé simple*	*subjonctif présent*
* naître	je nais	je naîtrai	que je naisse
	tu nais		que nous naissions
né	il naît		
	nous naissons	je naquis	
	vous naissez	nous naquîmes	
	ils naissent		
obtenir			
► venir			
offrir			
► ouvrir			
ouvrir	j'ouvre	j'ouvrirai	que j'ouvre
	tu ouvres		que nous ouvrions
ouvert	il ouvre		
	nous ouvrons	j'ouvris	
	vous ouvrez	nous ouvrîmes	
	ils ouvrent		
** paraître			
► connaître			
parcourir			
► courir			
peindre	je peins	je peindrai	que je peigne
	tu peins		que nous peignions
peint	il peint		
	nous peignons	je peignis	
	vous peignez	nous peignîmes	
	ils peignent		
permettre			
► mettre			
plaindre			
► peindre			
plaire	je plais	je plairai	que je plaise
	tu plais		que nous plaisions
plu	il plaît		
	nous plaisons	je plus	
	vous plaisez	nous plûmes	
	ils plaisent		

Infinitiv Partizip Perf.	Indikativ Präsens	*futur simple* *passé simple*	*subjonctif présent*
poursuivre			
► suivre			
pouvoir	je peux	je pourrai	que je puisse
	tu peux		que nous puissions
pu	il peut		
	nous pouvons	je pus	
	vous pouvez	nous pûmes	
	ils peuvent		
prendre	je prends	je prendrai	que je prenne
	tu prends		que nous prenions
pris	il prend		
	nous prenons	je pris	
	vous prenez	nous prîmes	
	ils prennent		
prévenir			
► venir			
prévoir		⚠ je prévoirai	
► voir			
promettre			
► mettre			
recevoir	je reçois	je recevrai	que je reçoive
	tu reçois		que nous recevions
reçu	il reçoit		
	nous recevons	je reçus	
	vous recevez	nous reçûmes	
	ils reçoivent		
reconnaître			
► connaître			
recueillir			
► cueillir			
réduire			
► conduire			
rejoindre			
► peindre			

Infinitiv Partizip Perf.	Indikativ Präsens	*futur simple* *passé simple*	*subjonctif présent*
renvoyer			
► envoyer			
reprendre			
► prendre			
résoudre	je résous	je résoudrai	que je résolve
	tu résous		que nous résolvions
résolu	il résout		
	nous résolvons	je résolus	
	vous résolvez	nous résolûmes	
	ils résolvent		
revoir			
► voir			
rire	je ris	je rirai	que je rie
	tu ris		que nous riions
ri	il rit		
	nous rions	je ris	
	vous riez	nous rîmes	
	ils rient		
savoir	je sais	je saurai	que je sache
	tu sais		que nous sachions
su	il sait		
	nous savons	je sus	
	vous savez	nous sûmes	
	ils savent		
	⚠ Partizip Präsens:		
	sachant		
séduire			
► conduire			
souffrir			
► ouvrir			
sourire			
► rire			
* se souvenir			
► venir			

Infinitiv Partizip Perf.	Indikativ Präsens	*futur simple* *passé simple*	*subjonctif présent*
suivre suivi	je suis tu suis il suit nous suivons vous suivez ils suivent	je suivrai je suivis nous suivîmes	que je suive que nous suivions
surprendre ► **prendre**			
survivre ► **vivre**			
* **se taire** tu	je me tais tu te tais il se tait nous nous taisons vous vous taisez ils se taisent	je me tairai je me tus nous nous tûmes	que je me taise que nous nous taisions
tenir ► **venir**			
traduire ► **conduire**			
transmettre ► **mettre**			
vaincre vaincu	je vaincs tu vaincs il vainc nous vainquons vous vainquez ils vainquent	je vaincrai je vainquis nous vainquîmes	que je vainque que nous vainquions
* **venir** venu	je viens tu viens il vient nous venons vous venez ils viennent	je viendrai je vins nous vînmes	que je vienne que nous venions

Infinitiv Partizip Perf.	Indikativ Präsens	*futur simple* *passé simple*	*subjonctif présent*
vivre	je vis	je vivrai	que je vive
	tu vis		que nous vivions
vécu	il vit		
	nous vivons	je vécus	
	vous vivez	nous vécûmes	
	ils vivent		
voir	je vois	je verrai	que je voie
	tu vois		que nous voyions
vu	il voit		
	nous voyons	je vis	
	vous voyez	nous vîmes	
	ils voient		
vouloir	je veux	je voudrai	que je veuille
	tu veux		que nous voulions
voulu	il veut		
	nous voulons	je voulus	
	vous voulez	nous voulûmes	
	ils veulent		

2 | Liste der unpersönlichen Verben

Infinitiv Partizip Perf.	Indikativ Präsens	*imparfait*	*futur simple* *passé simple*	*subjonctif présent*
falloir	il faut	il fallait	il faudra	qu'il faille
fallu			il fallut	
pleuvoir	il pleut	il pleuvait	il pleuvra	qu'il pleuve
plu			il plut	
valoir	il vaut	il valait	il vaudra	qu'il vaille
valu			il valut	

falloir – brauchen, müssen, sollen
pleuvoir – regnen
valoir – kosten, gelten

3 | Französisch-deutsche Liste der wichtigsten unregelmäßigen Verben

Infinitiv	Übersetzung
accueillir	empfangen
acquérir	erwerben
admettre	aufnehmen
aller	gehen, fahren
s'apercevoir	feststellen
apparaître	erscheinen
appartenir	gehören
apprendre	erfahren, lernen
s'asseoir	sich setzen
atteindre	erreichen, treffen
battre	(ein)schlagen
boire	trinken
bouilir	kochen
combattre	kämpfen
comparaître	(vor Gericht) erscheinen
comprendre	verstehen
conclure	zu Ende bringen
conduire	führen, fahren
connaître	kennen, kennen lernen
conquérir	erobern
construire	konstruieren, bauen
contenir	enthalten
contredire	widersprechen
convaincre	überzeugen
convenir	passen
coudre	nähen
courir	laufen, rennen
couvrir	bedecken
craindre	(be)fürchten
croire	glauben
cueillir	pflücken
cuire	kochen
décevoir	enttäuschen
découvrir	entdecken
décrire	beschreiben

Infinitiv	Übersetzung
détruire	zerstören
devenir	werden
devoir	sollen, müssen
dire	sagen
disparaître	verschwinden, sterben
écrire	schreiben
élire	wählen
entreprendre	unternehmen
entretenir	instand halten
envoyer	schicken
éteindre	ausschalten, Feuer löschen
exclure	ausschließen
faire	machen, tun
fuir	fliehen, flüchten
haïr	hassen
inclure	einschließen, einbeziehen
inscrire	einschreiben, eintragen
instruire	unterrichten
interdire	verbieten, untersagen
interrompre	unterbrechen, einstellen
intervenir	intervenieren
introduire	einführen
joindre	verbinden, erreichen
lire	lesen, vorlesen
méconnaître	verkennen, falsch beurteilen
mettre	legen, stellen, setzen, anziehen
mourir	(ab)sterben
naître	geboren werden, entstehen
obtenir	erhalten, erzielen
offrir	anbieten, schenken
paraître	erscheinen, sichtbar werden
parcourir	durchlaufen, durchfahren
peindre	malen, (an)streichen
permettre	erlauben
plaindre	beklagen
plaire	gefallen

Infinitiv	Übersetzung
poursuivre	verfolgen, jagen
pouvoir	können, dürfen
prendre	nehmen
prévenir	benachrichtigen, warnen
prévoir	vorhersehen, planen
promettre	versprechen, zusagen
recevoir	erhalten, bekommen
reconnaître	(wieder) erkennen, zugeben
recueillir	sammeln, ernten
réduire	reduzieren, einschränken
rejoindre	zurück kehren
renvoyer	wegschicken, entlassen
reprendre	zurücknehmen, zurückholen
résoudre	lösen, meistern
revoir	wieder sehen, revidieren
rire	lachen, auslachen
savoir	wissen, können
séduire	verführen
souffrir	leiden
sourire	lächeln
se souvenir	sich erinnern
suivre	folgen, nachkommen
surprendre	überraschen, ertappen
survivre	überleben
se taire	schweigen
tenir	halten
traduire	übersetzen
transmettre	weitergeben, weiterleiten
vaincre	(be)siegen
venir	kommen
vivre	leben, wohnen
voir	sehen (können)
vouloir	wollen, beabsichtigen

5 Liste der wichtigsten Verben mit ihren Ergänzungen

accepter qn/qc	Elle accepte la proposition de Naomi.	jdn/etw. akzeptieren
accepter de faire qc	Elle accepte de venir.	zusagen etw. zu tun
accuser qn	Il accuse son frère.	jdn anklagen
accuser qn de faire qc	Il accuse son frère de tricher.	jdn für etw. anklagen
adorer qn/qc	Elle adore le cinéma.	jdn/etw. sehr gerne mögen
adorer faire qc	Elle adore aller au cinéma.	etw. sehr gerne tun
aider qn	Elle aide son petit frère.	jdm helfen
aider qn à faire qc	Elle aide son petit frère à faire ses devoirs.	jdm helfen etw. zu tun
aimer qn/qc	Yves aime les fraises.	jdn/etw. mögen
aimer faire qc	Pascal aime jouer à l'ordinateur.	etw. gerne tun
s'amuser à faire qc	Elle s'amuse à inventer des histoires.	sich damit vergnügen etw. zu tun
apercevoir qn/qc	J'aperçois une ombre là-bas.	jdn/etw. erblicken
s'apercevoir de qc	Je me suis aperçu de mon erreur.	etw. bemerken
approcher	Noël approche.	näher rücken
s'approcher de qn/qc	Je me suis approché de lui.	sich jdm/etw. nähern
apprendre qc	J'apprends l'anglais.	etw. lernen
apprendre qc à qn	J'apprends l'anglais à ma sœur.	jdm etw. beibringen
apprendre à faire qc	J'apprends à dessiner.	lernen etw. zu tun
apprendre à qn à faire qc	J'apprends à ma sœur à dessiner.	jdm beibringen etw. zu tun
arrêter qn/qc	Il a arrêté une voiture.	jdn/etw. anhalten
arrêter de faire qc	Il a arrêté de travailler.	aufhören etw. zu tun
arriver à faire qc	Je n'arrive pas à finir ce travail.	es gelingt jdm etw. zu tun
avoir qn/qc	Sylvie a deux frères.	jdn/etw. haben
avoir à faire qc	J'ai deux articles à écrire.	etw. zu tun haben
avoir besoin de qn/qc	J'ai besoin d'un livre.	jdn/etw. brauchen
avoir confiance en qn	Je n'ai pas confiance en Fabien.	zu jdm Vertrauen haben
changer	Le temps va changer.	sich ändern / sich verändern

changer qn/qc	Il faut changer les draps.	jdn/etw. verändern / etw. wechseln
changer de qc	J'ai changé d'avis.	etw. ändern
	Il faut changer de train à Paris.	umsteigen
chercher qn/qc	Valérie cherche son stylo.	jdn/etw. suchen
chercher à faire qc	Elle cherche à trouver une solution.	sich bemühen etw. zu tun
choisir qc	Il a choisi un métier intéressant.	etw. auswählen
choisir de faire qc	Elle n'a pas choisi de travailler là-bas.	wählen etw. zu tun
commencer qc	Je n'ai pas encore commencé le premier chapitre.	etw. beginnen
commencer par qc	Commençons par une chanson.	mit etw. beginnen
commencer à/de faire qc	J'ai commencé à ranger la cuisine.	beginnen etw. zu tun
compter qn/qc	Elle ne compte plus ses médailles.	jdn/etw. zählen
compter sur qn	Je compte sur toi.	auf jdn zählen (sich auf jdn verlassen)
compter faire qc	Je compte partir demain.	vorhaben etw. zu tun
conseiller à qn de faire qc	Je conseille à Louise de partir.	jdm raten etw. zu tun
continuer qc	Continue ton histoire.	etw. fortsetzen / mit etw. weitermachen
continuer à/de faire qc	Elle continue à travailler.	fortfahren etw. zu tun
contredire qn	Ils contredisent toujours leurs parents.	jdm widersprechen
convaincre qn	Il a convaincu ses parents.	jdn überzeugen
convaincre qn de qc	Elle a convaincu Jean de sa bonne volonté.	jdn von etw. überzeugen
convaincre qn de faire qc	Elle a convaincu Naomi de venir.	jdn überzeugen etw. zu tun
craindre qn/qc	Il craint une catastrophe.	jdn fürchten / etw. befürchten
craindre de faire qc	Il craint de le blesser.	befürchten etw. zu tun
croire qn/qc	Je ne te crois pas!	jdm/etw. glauben

croire à qc	Tu crois à une vie après la mort?	an etw. glauben
croire en qn	Je ne crois pas en lui.	jdm vertrauen / an jdn glauben
croire faire qc	J'ai cru entendre un bruit.	glauben etw. zu tun
décider de faire qc	Il a décidé de partir.	entscheiden etw. zu tun
se décider à faire qc	Il s'est décidé à partir.	sich entscheiden etw. zu tun
défendre qn/qc	Michèle a défendu son amie.	jdn/etw. verteidigen
défendre à qn de faire qc	Elle a défendu à sa sœur de la déranger.	jdm verbieten etw. zu tun
demander qn/qc	Richard a demandé un renseignement.	jdn/etw. verlangen / um etw. bitten
demander à qn	Demande à Richard.	jdn fragen
demander qc à qn	Elle demande son chemin à un passant.	jdn nach etw. fragen
	Elle demande de l'argent à son père.	jdn um etw. bitten
demander à qn de faire qc	Elle a demandé à son amie de l'aider.	jdn bitten etw. zu tun
descendre	Liliane est descendue.	hinuntergehen
descendre qc	Elle a descendu sa valise.	etw. hinunterbringen
détester qn/qc	Il déteste la chimie.	jdn/etw. nicht mögen/ hassen
détester faire qc	Il déteste sortir le soir.	es hassen etw. zu tun
devoir faire qc	Je dois encore terminer une lettre.	etw. tun müssen
dire qc à qn	Tu ne dis pas bonjour à tes voisins?	jdm etw. sagen
dire à qn de faire qc	J'ai dit à Fabien de fermer la porte.	jdm sagen, dass er etw. tun soll
discuter de qc	Ils ont discuté de leurs projets.	über etw. reden/ diskutieren
écouter qn/qc	Tu as déjà écouté cette chanson?	jdm zuhören / etw. anhören
empêcher qc	Ils ont empêché la construction du tunnel.	etw. verhindern

empêcher qn de faire qc	Ils ont empêché le maire de construire le tunnel.	jdn daran hindern etw. zu tun
emprunter qc	Je peux emprunter votre stylo?	etw. (aus)leihen
emprunter qc à qn	Naomi a emprunté un livre à son ami.	etw. bei jdm leihen
encourager qn	Valérie a encouragé Sophie.	jdn ermutigen
encourager qn à faire qc	Elle a encouragé Sophie à donner un concert.	jdn ermutigen etw. zu tun
enseigner qc	Elle enseigne les maths.	etw. unterrichten
enseigner qc à qn	Elle enseigne les maths à mon fils.	jdn in etw. unterrichten
espérer faire qc	Elle espère devenir journaliste.	hoffen etw. zu tun
essayer qc	J'essaie une robe.	etw. versuchen / etw. anprobieren
essayer de faire qc	J'ai essayé de faire cet exercice.	versuchen etw. zu tun
s'étonner de qc	Je me suis étonné de son article.	sich über etw. wundern
éviter qc	Elle n'a pas pu éviter cette rencontre.	etw. verhindern
éviter de faire qc	Elle n'a pas pu éviter de le rencontrer.	verhindern etw. zu tun
faire qc	Il a fait ses devoirs.	etw. tun
faire faire qc	J'ai fait réparer mon vélo.	etw. tun lassen
féliciter qn	J'ai félicité Sophie.	jdm gratulieren
féliciter qn de qc	J'ai félicité Sophie de son succès.	jdm zu etw. gratulieren
féliciter qn de faire qc	J'ai félicité Sophie d'avoir gagné le concours.	jdm zu etw. gratulieren
finir qc	Tu as fini tes devoirs?	etw. beenden
finir de faire qc	Je n'ai pas encore fini d'écrire cette lettre.	etw. zu Ende machen
finir par faire qc	Ses parents ont fini par dire oui.	schließlich etw. tun
forcer qn à faire qc	Ils ont forcé Jérôme à venir.	jdn zwingen etw. zu tun
hésiter à faire qc	J'hésite à lui demander un conseil.	zögern etw. zu tun
s'informer de/sur qn/qc	Je me suis informé de ses résultats.	sich über etw. informieren
informer qn de qc	J'ai informé mes collègues de mon départ.	jdn über etw. informieren

interdire à qn de faire qc	Elle a interdit à son fils de sortir.	jdm verbieten etw. zu tun
jouer qc	Il joue un rôle dans ce film.	etw. spielen
jouer à qc	Il joue au foot.	etw. spielen (Sportart oder Spiel)
jouer de qc	Elle joue du piano.	etw. spielen (Instrument)
laisser qn/qc	J'ai laissé mes affaires à la maison.	jdn/etw. lassen
laisser qn faire qc	Est-ce qu'ils te laissent sortir?	jdn etw. tun lassen
menacer qn	Les gangsters ont menacé Patricia.	jdn bedrohen
menacer de faire qc	Ils ont menacé de revenir le lendemain.	drohen etw. zu tun
mentir à qn	Ils mentent à leurs collègues.	jdn belügen
monter	Liliane est montée au premier étage.	hinaufsteigen
monter qc	Elle a monté la valise au premier étage.	etw. hinaufbringen
se moquer de qn/qc	Ne te moque pas de lui.	sich über jdn/etw. lustig machen
s'occuper de qn/qc	Elle s'occupe de son petit frère.	sich um jdn/etw. kümmern
offrir qc à qn	Elle a offert un livre à sa copine.	jdm etw. schenken
offrir à qn de faire qc	Elle a offert à son frère de l'aider.	jdn anbieten/vorschlagen etw. zu tun
ordonner à qn de faire qc	Ils ordonnent aux manifestants de quitter la place.	jdm befehlen etw. zu tun
oser faire qc	Il n'ose pas parler allemand.	sich trauen etw. zu tun
oublier qn/qc	J'ai oublié mes cahiers.	jdn/etw. vergessen
oublier de faire qc	J'ai oublié de copier les dossiers.	vergessen etw. zu tun
paraître	Il paraît malade.	scheinen
paraître faire qc	Il paraît être malade.	zu sein scheinen
parler	On a beaucoup parlé.	reden, sprechen
parler à qn (de qc)	Nous avons parlé au directeur de nos problèmes.	mit jdm (über etw.) reden
parler de qn/qc	Elle a parlé de ses projets.	über jdn/etw. reden

passer	Le temps passe.	vergehen
passer qc	Il passe ses vacances en Italie.	etw. verbringen
passer qc à qn	Passe-moi le sel, s'il te plaît.	jdm etw. reichen
passer par qc	La Seine passe par Paris.	etw. durchqueren
penser à qn/qc	Il pense à son travail.	an etw./jdn denken
penser faire qc	On pense partir demain.	etw. vorhaben
permettre à qn de faire qc	Les collègues nous permettent d'utiliser leur ordinateur.	jdm erlauben etw. zu tun
se plaindre de qn/qc (à qn)	Il se plaint de son travail (à son copain).	sich (bei jdm) über etw./ jdn beklagen
pouvoir faire qc	On peut communiquer par e-mail.	etw. tun können
préférer qn/qc (à qn/qc)	Je préfère l'e-mail (au fax).	jdn/etw. (gegenüber jdn/ etw.) bevorzugen
préférer faire qc	Il préfère marcher.	bevorzugen etw. zu tun / etw. lieber tun
préparer qn/qc	J'ai préparé le petit-déjeuner.	jdn/etw. vorbereiten
être prêt/e à faire qc	Il est prêt à partir.	bereit sein etw. zu tun
prétendre faire qc	Il prétend travailler.	vorgeben etw. zu tun
profiter de qn/qc	Elle a profité de cette situation.	von jdm/etw. profitieren
promettre qc (à qn)	Elle a promis un cadeau (à sa sœur).	(jdm) etw. versprechen
promettre (à qn) de faire qc	Elle (lui) a promis de venir.	(jdm) versprechen etw. zu tun
proposer qc (à qn)	Elle (leur) a proposé une balade.	(jdm) etw. vorschlagen
proposer (à qn) de faire qc	Il a proposé (à son ami) d'aller au cinéma.	(jdm) vorschlagen etw. zu tun
rappeler qc à qn	Il lui a rappelé sa promesse.	jdn an etw. erinnern
rappeler à qn de faire qc	Elle a rappelé à Jérôme de téléphoner.	jdn daran erinnern etw. zu tun
se rappeler qn/qc	Je me rappelle la première rencontre.	sich an (jmd) etw. erinnern
recommander à qn de faire qc	Il a recommandé à Fabien d'acheter ce livre.	jdm empfehlen etw. zu tun
recommander qc (à qn)	Je (te) recommande ce film.	(jdm) etw. empfehlen

refuser qc	Il a refusé ma demande.	etw. ablehnen
refuser de faire qc	Je refuse d'attendre plus longtemps.	es ablehnen / sich weigern etw. zu tun
regretter qn/qc	Je regrette son départ.	jdn/etw. bedauern
regretter de faire qc	Je regrette d'être parti.	bedauern etw. zu tun
se réjouir de faire qc	Je me réjouis de te revoir.	sich freuen etw. zu tun
remercier qn (de qc)	Je vous remercie (de votre lettre).	jdm (für etw.) danken
rencontrer qn	J'ai rencontré Philippe.	jdm begegnen
rendre visite à qn	J'ai rendu visite à Philippe.	jdn besuchen
renoncer à qc	Je renonce à ce voyage.	auf etw. verzichten
renoncer à faire qc	Je renonce à partir en vacances cette année.	darauf verzichten etw. zu tun
rentrer	Liliane est rentrée à 8 heures.	nach Hause kommen
rentrer qc	Elle a rentré les chaises du jardin.	etw. hineinbringen
répondre à qn/qc	J'ai répondu à cette question.	jdm antworten / etw. beantworten
reprocher qc à qn	Ses parents lui reprochent sa paresse.	jdm etw. vorwerfen
reprocher à qn de faire qc	Ses parents lui reprochent de ne pas travailler.	jdm vorwerfen etw. zu tun
se reprocher de faire qc	Elle se reproche de ne pas être venue.	sich etw. vorwerfen
réussir qc	Elle a réussi son plat.	jdm gelingt etw.
réussir à qc	Elle a réussi à son examen.	etw. bestehen
réussir à faire qc	Elle a réussi à le convaincre.	es gelingt jdm etw. zu tun
rêver de qn/qc	J'ai rêvé de toi cette nuit.	von etw./jdm träumen
rêver de faire qc	Elle a toujours rêvé d'aller aux États-Unis.	davon träumen etw. zu tun
rire de qc	On a beaucoup ri de cette histoire.	über etw. lachen
savoir faire qc	Elle sait parler italien.	etw. tun können
sembler	Elle semble malade.	scheinen

sembler faire qc	Elle semble avoir trop travaillé.	zu tun scheinen
servir à (faire) qc	Cela ne sert à rien. / Cette machine sert à faire du café.	zu etw. dienen
sortir	Elle n'est pas encore sortie.	hinausgehen
sortir qc	Elle a sorti les chaises.	etw. hinausbringen
souhaiter faire qc	Je souhaite partir.	wünschen etw. zu tun
souhaiter qc (à qn)	Je (te) souhaite un bon anniversaire.	(jdm) etw. wünschen
soupçonner qn de faire qc	On soupçonne Luc d'avoir écrit cette lettre.	jdn verdächtigen etw. zu tun
se souvenir de qn/qc	Tu te souviens encore de Béatrice?	sich an jdn/etw. erinnern
suivre qn/qc	Suivez mon conseil. / Suivez le guide.	etw. befolgen / jdm folgen
téléphoner à qn	J'ai téléphoné à Brigitte.	jdn anrufen
venir faire qc	Il est venu m'aider.	kommen, um etw. zu tun
venir de faire qc	Il vient de partir.	gerade etw. getan haben
vouloir qc	Tu veux un café?	etw. wollen
vouloir faire qc	Tu veux partir?	etw. tun wollen

6 Das französische Alphabet

a	[ɑ]	h	[aʃ]	o	[o]	v	[ve]
b	[be]	i	[i]	p	[pe]	w	[dubləve]
c	[se]	j	[ʒi]	q	[ky]	x	[iks]
d	[de]	k	[kɑ]	r	[ɛr]	y	[igrɛk]
e	[ø]	l	[ɛl]	s	[ɛs]	z	[zɛd]
f	[ɛf]	m	[ɛm]	t	[te]		
g	[ʒe]	n	[ɛn]	u	[y]		

7 Besondere orthografische Zeichen

´ l'accent aigu   ç le «c» cédille
` l'accent grave   ' l'apostrophe
^ l'accent circonflexe   - le trait d'union
¨ le tréma

8 Die Satzzeichen

.	le point	:	deux points	!	le point d'exclamation
,	la virgule	()	les paranthèses	?	le point d'interrogation
;	le point virgule	« »	les guillemets	...	les points de suspension

9 Die französische Lautschrift

Vokale

[a] gl**a**ce, voil**à**

[ɑ] p**a**s

[ɛ] m**e**rci, c'**est**, probl**è**me, **ê**tre, f**ai**re
(sehr offenes «e»)

[e] ch**ez**, **é**cole, travaill**er** (geschlossenes «e»)

[ə] j**e**, l**e**, n**e**, qu'est-ce qu**e** (stummes «e»)

[i] v**i**e, p**y**jama

[o] vél**o**, **eau**, c**ô**té (geschlossenes «o»)

[ɔ] al**o**rs, c**o**mment (offenes «o»)

[ø] d**eu**x, p**eu** (geschlossenes «ö»)

[œ] s**œu**r, vend**eu**r (offenes «ö»)

[u] v**ou**s, **où**

[y] **u**ne, s**u**r

Halbvokale

[ɥ] je s**ui**s, h**ui**t, c**ui**sine

[j] b**i**en, étud**i**ant, travai**ll**er, fi**ll**e

[w] m**oi**, **ou**i

Nasallaute

[ɑ̃] **en**fant, ch**am**bre, ex**em**ple

[ɔ̃] b**on**jour, n**om**

[ɛ̃] **un**, bi**en**, l**un**di, f**in**, h**ein**, terr**ain**, s**ym**pa

Konsonanten

[b] ha**b**iter

[d] **d**ur

[f] **f**rançais, **ph**oto

[g] ci**g**arette, collè**gu**e

[k] **c**ours, ave**c**, **qu**i, **k**ir

[l]   i**l**

[m]   **m**al

[n]   **n**on

[ŋ]   campi**ng**

[ɲ]   co**gn**ac, champa**gn**e

[p]   **p**ardon, je m'a**pp**elle

[r]   bonjou**r**, **r**encont**r**e

[s]   **s**alut, **ç**a, bon**s**oir (stimmloses «s»)

[z]   Mademoi**s**elle, le**s**_enfants, si**x**_heures, **z**éro (stimmhaftes «s»)

[ʃ]   **ch**ez, **ch**ocolat (stimmloses «sch»)

[ʒ]   bon**j**our, â**g**e, **j**us (stimmhaftes «sch»)

[t]   **t**rès

[v]   **v**ous, arri**v**er

10 Intonation

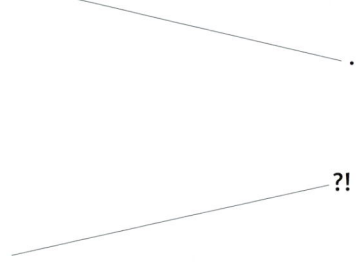

Die fallende Betonung

Die Stimme senkt sich am Ende eines Aussagesatzes (vor dem Punkt).
Elle part demain.

Die steigende Betonung

Die Stimme hebt sich:

- am Ende eines Fragesatzes,
- am Ende eines Ausrufesatzes.

Elle part demain?
Elle part demain!

Stichwortregister

Die Zahlen bezeichnen die Seitenzahlen.